CARLO GINZBURG

Der Richter und der Historiker
Überlegungen zum Fall Sofri

Aus dem Italienischen von Walter Kögler
Mit einem Vorwort von Thomas Schmid

W0054139

Verlag Klaus Wagenbach   Berlin

Titel des bei Giulio Einaudi erschienenen Originals:
Il giudice e lo storico. Considerazioni in margine al processo Sofri

Wagenbach: Taschenbuch 189

© 1991 Giulio Einaudi editore s. p. a., Torino
© 1991 für die deutsche Ausgabe:
Verlag Klaus Wagenbach, Ahornstraße 4, 1000 Berlin 30
Umschlaggestaltung Rainer Groothuis unter Verwendung eines Freskos
(Ausschnitt) von Vitale da Bologna im Dommuseum von Udine.
Gesetzt aus der Borgis Sabon von Mega-Satz-Service, Berlin
Gedruckt und gebunden durch die Druckerei Wagner, Nördlingen
Printed in Germany.
ISBN 3 8031 2189 2

Inhalt

Dieses Buch handelt von einem Prozeß und von zwei Metiers, dem des Historikers und dem des Richters.

Am 17. Mai 1972 wurde, gegen 9 Uhr morgens, in der Mailänder Via Cherubini der Polizeikommissar Luigi Calabresi beim Verlassen seines Hauses auf offener Straße erschossen. Der oder die Täter entkamen unerkannt, und es tauchte kein Bekennerschreiben auf, in dem irgendeine Gruppe die Verantwortung für den – offensichtlich politisch motivierten – Mord übernommen hätte; trotz intensiver Fahndungsbemühungen konnte die Tat nicht aufgeklärt werden. Sechzehn Jahre später, im Juli 1988, wendet sich – so die offizielle Version – Leonardo Marino, ein ambulanter Crêpes-Verkäufer in Bocca di Magra bei La Spezia und ehedem Mitglied der linksradikalen Organisation *Lotta continua*, an die Carabinieri des Nachbarorts Ameglia und beschuldigt sich und drei andere, die Verantwortung für den Mord an Luigi Calabresi zu tragen. Alle vier werden in Haft genommen (und später zwar entlassen, aber unter Hausarrest gestellt). Nach langen Ermittlungen und Verhören wird Anfang 1990 in Mailand der Prozeß eröffnet. Das Gericht hält die Aussagen Leonardo Marinos für glaubwürdig und verkündet am 2. Mai 1990 das Urteil: 11 Jahre für Marino, je 22 Jahre für Ovidio Bompressi, Giorgio Pietrostefani und Adriano Sofri, die drei anderen Angeklagten.

Von diesem Prozeß handelt das Buch. Es enthält eine minutiöse Lektüre der Vernehmungsprotokolle, der Gerichtsverhandlungen und – im Anhang – der erst neun Monate nach Prozeßende veröffentlichten schriftlichen Urteilsbegründung. Der Prozeß ist einer der vielen, in denen »1968 und die Folgen« ein gerichtliches Nachspiel gefunden haben: zerlegt in kriminalistische Details. Gleichwohl hat er etwas Einmaliges; denn er dürfte der einzige »politische« Prozeß sein, der überhaupt nicht durch polizeiliche Ermittlungen, sondern allein durch die Aussagen eines der Mittäterschaft sich selbst Beschuldigenden ausgelöst wurde. Weil hier gewissermaßen nicht der Staat der Ankläger ist, sondern das Verbrechen sich sozusagen von selbst, aus den eigenen Reihen heraus, aufgeklärt zu haben scheint, gibt dieser Prozeß wie kein anderer Anlaß, die Jahre um 1968 und die Verhängnisse, die sie *auch* zur Folge hatten, kritisch zu vergegenwärtigen.

Doch darauf verzichtet der Historiker Carlo Ginzburg in diesem Buch. Er hält sich streng an den Prozeß und die schriftlichen Zeugnisse, die in dessen Umfeld entstanden sind. Und er zeigt, daß ein skandalöses Urteil gefällt wurde. In jedem Prozeß – welches politische, gesellschaftliche und lebensgeschichtliche Hinterland er auch immer haben mag – geht es nicht um Meinungen, Ansichten, Plausibilitäten, sondern allein um Fakten und die Wahrheit. Das war nicht immer so: Ginzburg selbst hat anhand der Lektüre von Hexenprozessen mehrfach gezeigt, wie lange es üblich und statthaft war, daß Gerichtsverfahren nur dazu dienten, eine vorgefaßte Meinung der staatlichen bzw. kirchlichen Autoritäten durchzusetzen: Was immer die Beschuldigten äußerten, es fügte sich stets in den prästabilierten Deutungskontext des Gerichtes ein, kein Faktum sprach nur für sich. Es hat lange gedauert, bis mit dieser Tradition gebrochen, die Umkehrung der Beweislast einigermaßen durchgesetzt und in *dubio pro reo* die Norm war. Man weiß inzwischen, wie dünn dieses zivilisatorische Eis der Moderne ist, die Einbrüche dieses Jahrhunderts sprechen eine deutliche Sprache, und nichts kann definitiv für »überwunden« gelten. Eben dies wird durch Ginzburgs Prozeßlektüre deutlich.

Zugrunde liegt dem Buch so etwas wie ein Rollentausch: Der *Historiker* Carlo Ginzburg analysiert den Prozeß auf seine *juristische* Schlüssigkeit hin. Historiker – auch solche, die wie Ginzburg den radikalen Relativismus ablehnen und Geschichte nicht als Spielfeld nur von »Repräsentationen« betrachten – entkommen der Ambiguität ihres Gegenstandes nicht; auch wo sie mit gutem Grund der Wahrheit auf der Spur sein wollen, können sie doch nur mögliche Wahrheiten konstruieren. Ihre Wahrheiten sind von ihrer Methode, ihren Ausschnitten und damit auch ihren Deutungen nicht zu trennen. Historiker werden die Antwort, die schon in ihrer Frage steckte, nur schwer wieder los; der Übergang von ihrem Metier zu dem des Geschichtenerzählers ist fließend. Der Richter aber darf kein Geschichtenerzähler sein, und *mögliche* Wahrheiten dürfen für ihn nicht zählen. Ginzburgs Lektüre eines Prozesses aus dem Jahre 1990 fördert jedoch genau das zutage. Der Historiker sieht dem Richter über die Schulter – und stellt erschrocken fest, daß der Richter nicht als Richter, sondern als Historiker, als Geschichtenerzähler, als Inquisitor und als einer agiert, der *seine* Wahrheit – eine mögliche Wahrheit – wider alle anderen Wahrheiten, wider alle Fährnisse, Zweifel und Gegenevidenzen verteidigt. Diesen Skandal des Einbruchs der Vormoderne in ein modernes Gerichtsverfahren deckt das Buch präzise auf. Der Historiker macht dem – obendrein schlecht – dilettierenden Richter-Historiker das Terrain streitig. Und weil in einem Prozeß nur das Justiziable zur Debatte stehen darf, verzichtet Ginzburg streng darauf, das – politische, gesellschaftliche, moralische und individuelle – Hinterland in Augenschein zu nehmen. Dieses soll im folgenden dargestellt werden; zum einen, weil es dem deutschen Publikum nicht umstandslos bekannt sein dürfte, zum andern, weil es um eine Vergangenheit geht, die nicht nur Gegenstand gerichtlicher Erinnerungsarbeit sein sollte: um das fast schon zum Unthema gewordene Rätsel »1968«.

Am 12. Dezember 1969 explodierte in der Mailänder Banca di Agricoltura an der Piazza Fontana nahe dem Dom eine Bombe, die 17 Menschen tötete und 88 verletzte. Es war nicht das erste Attentat in der italienischen Nachkriegsgeschichte, aber mit Abstand das bisher grausamste. Vorausgegangen war ein ›heißer Herbst‹, dessen Bewegungszentrum die kämpfenden Arbeiter bei FIAT in Turin bildeten. Wie selten in der Geschichte der Industriegesellschaften (und nie in der der Bundesrepublik) machten in diesem Herbst Arbeiter Politik: FIAT war tatsächlich das Zentrum italienischer Politik, noch einmal war die klassische, in ihren Grundzügen schon von Marx beschriebene Fabrik bewegender politischer Mittelpunkt und die Zentralität einer rebellischen, die Organisation der Arbeit direkt angreifenden Arbeiterklasse Realität. Der Geist der Insurrektion – der in Italien schon immer bei der Linken verbreitet gewesen war und der nur in Schlaf versetzt schien, seit die Kommunistische Partei nach dem Krieg ihren Partisanen die Abgabe der Waffen befohlen hatte – war wieder lebendig geworden. Möglich wurde das u. a. dadurch, daß der italienische Kapitalismus damals noch ein vergleichsweise zurückgebliebener war, oder genauer: dadurch, daß in diesem Land zwei Länder – ein modernes und ein vormodernes – ziemlich unvermittelt aufeinanderstießen. Eine Arbeiterklasse, die zu einem beträchtlichen Teil aus »Afrika«, also dem unentwickelten italienischen Süden, kam, erlebte in den Städten des Nordens Fabriktakt und gesellschaftliche Marginalisierung als Entwurzelung und doppelten Skandal. Der traditionelle, von den arrivierten Arbeiterschichten beschrittene Weg des gewerkschaftlichen Gradualismus war ihr verwehrt, sie handelte unvermittelter, sie drückte ihren Zorn und ihre Empörung direkter aus. So ging es zugleich aggressiver und phantasievoller, gewissermaßen ›lebensweltlicher‹ zu als bei herkömmlichen geordneten und disziplinierten Arbeiterkämpfen, und dazu trug auch bei, daß eine vergleichsweise intensive Beziehung zwischen den beweglichen, informellen Avantgarden der jungen Arbeiter und Teilen der radikalen Studentenbewegung zustande kam; der Protest der Studenten, der sich hier mit einem damals noch unbestrittenen »historischen Subjekt« zusammenmentat, gewann an Gewicht, und in die Kämpfe der Arbeiter kam – schon durch die Klassenschranken negierende Anwesenheit der Studenten – ein Moment kultureller, intellektueller und politischer Siegeszuversicht. Vielleicht war der italienische Staat weder von dieser Arbeiterklasse (die in den folgenden Jahren durch eine massive Umstrukturierung und Dezentralisierung vor allem der großen Automobilbetriebe aus ihrer Schlüsselstellung vertrieben und entmachtet wurde) noch von dieser Studentenbewegung (die noch einmal aufs schönste die alten Gewänder der Insurrektion trug) wirklich bedroht: Im rauschhaften Herbst 1969 mußte es aber – zumal in einem Land, in dem die theatralische Überdimensionierung unverzichtbar zum politischen Stil gehört – so aussehen. Es lag etwas in der Luft.

In diese aufs äußerste gespannte Atmosphäre explodierte die Bombe der Piazza Fontana, und sie schuf augenblicklich eine vollkommen veränderte Situation. War bisher die Revolte der vergangenen zwei Jahre als politisches und gesellschaftliches Phänomen gesehen und – äußerst kontrovers – erörtert worden, so wurde sie nun schlagartig ins Licht des Kriminellen und des Verbrechens getaucht. Über Nacht nahm fast das ganze Land die sofort und ohne Beweise verbreitete polizeiliche Version hin, das Attentat sei ein Werk der Linken, sei also die Fortsetzung der Revolte mit anderen Mitteln: Hinter der fröhlichen Maske der Linken verberge sich die Fratze des Terrors. Das Fest stob auseinander und die aufständische Rhetorik erschien, ohne daß Einspruch dagegen erhoben worden wäre, in grellem polizeilichen Licht und wurde wörtlich genommen. Aus etwas, das immer auch spielerisch gewesen war, wurde plötzlich nur noch Ernst; die Geschichte einer Revolte wurde, ohne Zögern, zu einer Vorgeschichte des Mordens umgedeutet. Die Einsicht, daß eine *gemeinsame* Revolte den Terror *einzelner* zu unterbinden und daß der gewalttätige *Diskurs* die *reale* Gewalt zu verhindern vermag, hatte keine Chance mehr. Und ein beträchtlicher Teil der Intellektuellen, die bislang gerne salonlöwig auf den Sofas der Revolte gesessen hatten, schloß sich erschrocken der polizeioffiziellen Version an und verbreitete sie in Artikeln, die Ritualen der Selbstreinigung ähnelten.

Zwei Tage nach dem Anschlag auf die Banca di Agricoltura wurde der Mailänder Anarchist Pietro Valpreda als Tatverdächtiger festgenommen und schon tags darauf präsentierte die Presse den Verdacht als Gewißheit. Im Zusammenhang der Untersuchungen bestellte die Polizei den Eisenbahnarbeiter Giuseppe Pinelli, ebenfalls Anarchist, auf das Polizeipräsidium; drei Tage später stürzte dieser aus dem im vierten Stock gelegenen Zimmer des Kommissars Luigi Calabresi in den Hof. Die Polizei gab in den folgenden Tagen unterschiedliche und einander widersprechende Erklärungen zu diesem Todessturz ab. Die große Öffentlichkeit war davon wenig beunruhigt: Ihr Thema waren das Attentat und die angebliche Urheberschaft der Linken.

Nur eine einzige Stimme erhob sich vernehmbar gegen diese Mauer aus Gewißheiten: Die linksradikale Organisation *Lotta continua* stellte augenblicklich ein entschiedenes Nein gegen die offizielle Version, sprach von einem Mord an Pinelli und setzte vor allem die Ge-

gengewißheit in die Welt, daß das Attentat der Piazza Fontana kein Werk der Linken sein *könne*. Noch ganz aus dem Universum einer unschuldigen neuen Linken heraus argumentierend, setzte sie den berühmt gewordenen Slogan in Umlauf: »Ein Genosse *kann* das nicht getan haben.« Gegen den öffentlichen Strom startete sie eine breitangelegte Kampagne zur Verteidigung des einen und zur Rehabilitierung des anderen Beschuldigten und verfolgte eine andere Spur, die »pista nera«, die schwarze Spur, den Verdacht also, das Attentat müsse ein Werk der extremen Rechten gewesen sein. Und es ist *Lotta continua* gelungen, dieser Deutung öffentlichen Raum zu verschaffen. Im Rückblick kann man erkennen, daß das eine Tat von historischem Rang war: Augenblicklich hatte die Organisation begriffen, daß der polizeilich-mediale Coup auf eine radikale Enteignung und Löschung der oppositionellen Geschichte nicht nur der letzten zwei Jahre hinausgelaufen wäre und daß es dagegen nur ein probates Mittel geben kann: das, worin Stärke *und* Blindheit der ganzen Bewegung begründet waren – das Mittel der öffentlichen Rede. *Lotta continua* hat dafür gesorgt, daß diese Rede nicht abbrach.

Doch das forderte auch seinen Preis. Was nicht links ist, muß rechts sein: Diese viel zu einfache These, die viel Unheil angerichtet und viel Einsichten verhindert hat, wurde einmal mehr bekräftigt. Nach allem, was man inzwischen weiß, waren die Bombenleger der Piazza Fontana tatsächlich Faschisten, und *Lotta continua* hatte insofern recht. Damit ist aber, wie man inzwischen weiß, nicht viel erklärt. Die terroristische Gewalt, das Massaker und das Töten um des Tötens willen gehören – obgleich es das alles früher auch gegeben hat – zu den Spezifika der Geschichte dieses Jahrhunderts, und vieles spricht dafür, daß das einiges mit der Moderne und vergleichsweise wenig mit rechts und links zu tun hat. Dieser Zusammenhang blieb in der wirkungsvollen Kampagne von *Lotta continua* zur Sicherung und Stärkung des öffentlichen Raums ausgeblendet und wohl auch unerkannt.

Um das Interesse der Öffentlichkeit für ihre Deutung zu gewinnen, mußte sich die Organisation statt dessen u.a. einer Methode bedienen, die insbesondere in Italien zu einer hohen Kunst entwickelt worden war: der Methode der *dietrologia*. »Dietro« heißt »dahinter«, und gemeint ist das Bemühen, hinter der Oberfläche der Ereignisse – von der stets angenommen werden muß, daß sie in die Irre führt und die Wahrheit verhüllt – die »eigentliche« Wahrheit zu entdecken und die Lüge zu entlarven. Der Dietrologe hat insofern ein leichtes Spiel, als er per definitionem nicht widerlegbar ist. Und selten auch hat er ganz unrecht, denn noch der bürgerlichsten Gesellschaft fällt es überaus schwer, sich auch nur annähernd an die eigenen Regeln zu halten,

Transparenz zu gewährleisten und der Intrige den Boden zu entziehen. (Und das gilt zumal für die italienische Gesellschaft, in der sich – eine Folge der unabgeschlossenen Staatsbildung Italiens – der Hang zu bizarrem Verschwörertum und zur Bildung eines geheimen Staates im Staate besonders gut entwickelt und gehalten hat.) Tagtäglich geben halb aufgedeckte Skandale dem universellen Verdacht neue Nahrung, es werde stets etwas anderes gesagt als getan. Weil der Dietrologe aber im Nebel stochern *muß*, weil die Grenzen seines Gegenstands nie absehbar sind, ist es nur ein kleiner Schritt bis zu der sicheren Vermutung, die ganze Welt sei eine einzige große Verschwörung – auf die letztlich sinnvoll nur mit einer Gegenverschwörung geantwortet werden kann. Weil er auch an diesem Moment der *dietrologia* teilhat, hatte der Erfolg von *Lotta continua* etwas Paradoxes, fast könnte man sagen: Tragisches. Denn einerseits hat die Gruppe wie keine andere am Prinzip der Bewegung und der Öffentlichkeit festgehalten, hat die Legitimität des *Diskurses* auch über die Gewalt behauptet und damit einen Raum geschaffen, der es vielen möglich machte, der terroristischen Versuchung *nicht* nachzugeben. Andrerseits konnte sie das aber nur, indem sie jenem Verschwörungsverdacht neue Nahrung gab, der wohl wiederum in einigen die Überzeugung wachsen ließ, nur gewaltsam und bewaffnet ließe sich dieser Knoten ewiger Verschwörungen durchschlagen. (Carlo Ginzburg plädiert in diesem Buch nachdrücklich und mit guten Gründen dafür, das dietrologische Werkzeug dennoch nicht zum alten Eisen zu werfen: So falsch es ist, das politische und gesellschaftliche Geschehen allein unter dem Gesichtspunkt der Verschwörung zu sehen, so leichtfertig wäre es, aus dieser Einsicht die Konsequenz zu ziehen, die Möglichkeit und Wirklichkeit von Verschwörung und Komplott rundweg zu leugnen. Es gibt mit Sicherheit sehr viel mehr Verschwörungen, als den Zeitungen zu entnehmen ist. Um dafür den Blick zu schärfen, muß die Theorie der Verschwörung von jenem dumpfen *Catch-all*-Ansatz befreit werden, der sie – in Deutschland etwa in Gestalt der RAF – so diskreditiert hat.)

An der Vernehmung Giuseppe Pinellis, war im Dezember 1969 auch der Polizeikommissar Luigi Calabresi beteiligt. Er, der in der Folgezeit zahlreiche Ermittlungen gegen die Linke leitete und Spuren, die auf die politische Rechte hinwiesen, nicht nachging, galt vielen als der Mörder Pinellis und als Inbegriff einer ebenso einäugigen wie rachsüchtigen Staatsgewalt. In der Wochen- und später Tageszeitung von *Lotta continua* war er Gegenstand einer nie abbrechenden Polemik, in deren Zentrum der Vorwurf stand, Calabresi sei unmittelbar für den Tod Pinellis verantwortlich. Im Herbst 1971 hatte die Kampagne von *Lotta continua* einen ersten Erfolg: Da der Verdacht aufgekommen war, der schon tote Pinelli sei aus dem Fenster des Polizei-präsidiums gestoßen worden, ordnete ein Gericht die Exhumierung der Leiche an. Doch Calabresi lehnte, erfolgreich, den Richter ab; der Prozeß hätte also neu aufgerollt werden müssen.

Dazu kam es nicht mehr. Am 17. Mai 1972 wurde Calabresi von unbekannten Tätern erschossen. Es war der erste politische Mord in der italienischen Nachkriegsgeschichte, der von links her motiviert schien. (Zwar gab es gerade schon die *Brigate rosse,* diese hatten bis-lang jedoch ausschließlich Aktionen im Umfeld von Fabrikkämpfen durchgeführt; Höhepunkt war, zwei Monate vor Calabresis Tod, die Entführung eines Managers von Sit-Siemens.) In der Tageszeitung von *Lotta continua* wurde der Mord tags darauf als ein Akt kom-mentiert, der »proletarische Gerechtigkeit« darstelle, bestürzt sei man nicht. *Lotta continua* – nicht pazifistisch, aber stets eine entschiedene Gegnerin des Wegs in den bewaffneten Kampf – ging schnell zur Ta-gesordnung über. Der Mord an Calabresi blieb unaufgeklärt.

Den Organisationen der Neuen Linken, die die Erfahrung eines Augenblicks auf Dauer stellen wollten, blies der Wind entgegen. Mehr oder weniger lange stemmten sie sich gegen den Zerfall ihres Weltbildes und verloren dabei schnell an Bedeutung und Anhängern. Während die einen sich verliefen und andere mühsam nach neuen, weniger kollektivistischen und weniger heilsgeschichtlich fundierten Wegen suchten, ließen sich die Dritten, die dann Bewaffneten, auf eine Politik der Eskalation ein. Italien war damals ein noch vergleichs-weise traditionelles Land, und es hatte – auch deswegen – eine starke kommunistische Partei, die stärkste der westlichen Welt. Links zu sein, war viel selbstverständlicher als anderswo, es bedeutete keines-wegs den radikalen Bruch mit der gesellschaftlichen Umwelt. Das linke bis linksradikale Gruppenwesen konnte sich daher in einer ge-wissermaßen »natürlichen« Umwelt bewegen und entwickeln. Alte – sozialistische – Antworten waren gefragt, und sie paßten besser zur Wirklichkeit als in andern Ländern des Westens. Das machte es den einen, allen voran *Lotta continua*, leicht, die Revolte als eine gesell-schaftliche (und nicht als Binnenveranstaltung einer Organisation) in die Länge zu ziehen; und es wiegte die anderen in dem Glauben, es gebe in der Gesellschaft (und das hieß für sie: in der Arbeiterklasse) ei-nen Resonanzboden für die Politik der bewaffneten Aktionen und es gelte, die nur pausierende Tradition des Partisanenkampfes wieder le-bendig zu machen. Die Uhr lief gegen beide. *Lotta continua* gehörte zu den wenigen Organisationen, die nie pharisäerhaft oder scheinnaiv geleugnet haben, daß sie ein Stück gemeinsamer Geschichte mit den bewaffneten Gruppen teilen: *Es war möglich,* daß sich aus den politi-schen Optionen jener Jahre der bewaffnete Weg ergab; und nicht selten war es der Zufall, der entschied, wer ihn beschritt und wer nicht. 1975 war *Lotta continua* schließlich die einzige Gruppierung der Neuen Linken, die dem Dahinsiechen und den Durchhalteparolen ein Ende machte, einen bilanzierenden Schlußstrich zog und die ganze Firma auflöste: nicht ohne Trauer, aber auch in der Gewißheit, daß die vergangenen Jahre keine verlorene Zeit waren, und in der heiteren Zuversicht, daß jenseits der Organisationen und des Kollektivismus nicht nur die Welt des Privaten liegt. Als die *Brigate rosse* 1978 den Präsidenten der *Democrazia cristiana*, Aldo Moro, der ein Befürworter und Betreiber des »Historischen Kompromisses« mit den Kommunisten war, entführten, bemühten sich etliche ehemalige Genossen von *Lotta continua* – vergeblich – um das Gespräch und um eine Verhandlungslösung. Einer von ihnen war Adriano Sofri, einstmals der prominenteste Star der Organisation, der es wie kein anderer verstanden hatte, die linksradikale Vision in ihrer Mischung aus Verliebtheit in die Rhetorik des Bruchs, aus Größenwahn und aus Neugier auf das Abenteuer Gesellschaft redend zum Glänzen zu bringen. Zehn Jahre später sollte ihm der Prozeß gemacht werden.

Der Schatz der Erfahrung von »1968« ist bekanntlich noch längst nicht gehoben, auch in Italien. Weder die literarischen noch die eher theoretischen Bemühungen waren bisher sonderlich erfolgreich. Außer Kitsch und Tautologien gibt es nicht viel, und die Sprache, die die Bewegung selbst hervorgebracht hat, ist heute kaum mehr zu entziffern. Die Fallhöhe zwischen Vorher und Nachher war vielleicht zu groß, als daß die Sprache – *das* Medium des Erinnerns – hätte mitkommen können. Allen Gedenkversuchen zum Trotz ist die Erfahrung der Jahre um 1968 immer mehr am Verblassen. Es gibt freilich eine eingeführte Agentur des Erinnerns, die sich von solchen Problemen nicht ankränkeln läßt, die sich ihrer Gedenkverfahren sicher ist (genauer: sicher zu sein scheint) und die jederzeit fähig ist, ihr Räderwerk in Gang zu setzen: die Justiz. Seit dem Sommer 1988 läßt sie ein neues Licht auf »1968« fallen. Sie hat den »Fall Calabresi« neu aufgerollt und zu einem »Fall Sofri« gemacht. Und wie in keinem anderen Prozeß zuvor, hat sie damit versucht, die *Rhetorik der Revolte* in eine *Betriebsanleitung zum Terror* umzudeuten.

Nachdem Leonardo Marino, ehemals Mitglied von *Lotta continua* sich selbst und drei andere des Mordes an Calabresi bezichtigt hatte, wurde er im Juli 1988 in Haft genommen; wenige Tage später folgte die Verhaftung der drei anderen, die ebenfalls *Lotta continua* angehört hatten: Giorgio Pietrostefani, einst zum Führungskader der Organisation gehörig und inzwischen Manager eines Betriebes in Reggio Emilia; Ovidio Bompressi, nach den nur-politischen Jahren erst Journalist, dann Begründer des Kleinverlages Memoranda, zur

Zeit seiner Verhaftung arbeitslos; und Adriano Sofri, 1942 in Triest geboren und zur Zeit seiner Verhaftung Dozent an der Accademia delle Belle Arti in Florenz. Kern der Beschuldigung: Im Spätherbst 1971 habe das Führungsgremium von *Lotta continua* mehrheitlich (bei Gegenstimmen) die Liquidierung Luigi Calabresis beschlossen; Anfang Mai des darauffolgenden Jahres seien es zwei Mitglieder dieses Gremiums, Pietrostefani und Sofri, gewesen, die – nach dem Tod eines jungen Demonstranten in Pisa, der von der Polizei zusammengeschlagen und verhaftet worden war und der dann in der Zelle seinen Verletzungen erlegen war – den richtigen Zeitpunkt gekommen wähnten und Bompressi sowie Marino als Täter ausgesucht hätten; die beiden letzteren hätten dann am 17. Mai 1972 die Tat ausgeführt, Bompressi als Schütze und Marino als Fahrer des Fluchtwagens.

Im Frühjar 1990 wurde der Prozeß gegen die vier Angeklagten eröffnet, das Gericht folgte der Version von Marino und verhängte hohe Freiheitsstrafen. Wie es dazu kam und welche Ungereimtheiten dabei übergangen wurden, das ist Gegenstand dieses Buches. Schlüssig weist Carlo Ginzburg auf, daß das Gericht systematisch und voreingenommen den Aussagen Marinos gefolgt ist und die der zahlreichen Zeugen nicht ernsthaft geprüft hat; er zeigt, wie unglaubhaft die offizielle Version von Marinos Gang zu den Carabinieri und zur Justiz ist, und kommt nach einer minutiösen Abwägung aller verfügbaren Informationen zu dem Schluß, daß Marinos Kernaussage eine Lüge ist. Der Hauptteil des Buches, im Februar 1991 abgeschlossen, endet mit der Bemerkung, daß das erstinstanzliche Urteil einen Justizirrtum darstelle, der korrigiert werden könne und müsse. Inzwischen wurde in der zweiten Instanz entschieden: am 12. Juli 1991 bestätigte das Mailänder Revisionsgericht ohne Einschränkung das Urteil der ersten Instanz. Es bleibt jetzt nur noch der Gang zu dem – dem deutschen Bundesgerichtshof vergleichbaren – Kassationsgericht.

Zahlreich sind die Prozesse, in denen nach Jahren oder gar Jahrzehnten politisch motivierte Verbrechen aufgerollt werden. Ausgelöst werden sie in der Regel nicht durch den Bekenntnis- und Aufklärungswillen der Täter, sondern durch Fahndungs- und Ermittlungserfolge von Polizei und Justiz. Das war hier anders, und eben dadurch bekam der »Fall Sofri« von Beginn an einen besonderen Charakter. Die italienische Justizgeschichte der achtziger Jahre kennt zahlreiche *pentiti*, sogenannte »Reuige«, die in den Prozessen gegen die bewaffneten Gruppen ihre ehemaligen Mitgenossen (und sich selbst) belasteten und dafür – ein eigenes Gesetz war zu diesem Zweck geschaffen worden – mit minderen Strafen honoriert wurden. Sie alle sagten jedoch aus, *nachdem* sie in die Fänge der Justiz geraten waren, also mit dem Rücken zur Wand standen. Hier war es jedoch anders: Der Reuige schien sich freiwillig gemeldet zu haben, nicht Strafminderung, sondern Sühne schien sein Ziel zu sein (bei seinem ersten Gang zu den Carabinieri soll er – der allein verfügbaren offiziellen Version zufolge – vor dem eigentlichen Eingeständnis der Tat sich voller Umschweife in allgemeinen Begriffen über Verbrechen und Schuld geäußert haben). Das gab dem ganzen Verfahren von Anfang an ein eigentümliches Pathos. Zwar wurden, wie in allen vergleichbaren Prozessen, alte Rechnungen aufgemacht – es schien sich aber, um eine Wendung aus vergangenen Zeiten zu gebrauchen, um »Widersprüche im Volk« zu handeln. Als bekannt wurde, wer Sofris eigentlicher Ankläger war, wußte man sofort, daß jetzt ein schwieriges Kapitel aufgerollt werden würde: das der Klassenfrage *innerhalb* einer Organisation, die für die Abschaffung der Klassen gekämpft hatte und dies in ihren eigenen Reihen gerne vorweggenommen hätte. Marinos – wie auch immer motivierter – Gang zur Justiz mußte dazu führen, daß zum ersten Mal ein Konflikt, den alle Gruppen der radikalen Linken kannten und mit dem sie läßlich und mogelnd umgegangen waren, vor den Schranken der Justiz und diesmal ohne Absicht auf Aufhebung von Klassengrenzen ausgetragen würde: der Konflikt zwischen zwei Kulturen, der proletarischen und der intellektuellen. Marino gegen Sofri.

Leonardo Marino war zu Zeiten der »heißen Herbste« geradezu der Idealtypus jener Arbeiter gewesen, die *Lotta continua* ihr spezifisches operaistisches Gepräge gaben. Er war, wie Tausende andere auch, Mitte der sechziger Jahre aus dem armen italienischen Süden in das andere, modernere und fremde Italien, in das des industrialisierten Nordens, gekommen. Nach kurzer Arbeit bei der staatlichen Eisenbahn ging er 1966 zu FIAT-Mirafiori in Turin und kam dort in den Karosseriebau, eine der härtesten Fließbandabteilungen. Schnell schloß er sich, wie Tausende andere auch, der Bewegung der Unruhe, an, die von keiner gewerkschaftlichen Strategie der Mäßigung mehr daran gehindert werden konnte, ihren Zorn über das Fabriksystem direkt zu artikulieren. Die Fabrik wurde, wenn auch anders als von den Sozialisten des neunzehnten Jahrhunderts gewollt, zur Schule des Widerstands. Und dann kamen die Studenten vor die Tore, die zwar auch griffige politische Weisheiten, vor allem aber einen faszinierenden Lebensstil zu bieten hatten und die wohl schon mit ihrer puren Anwesenheit den jungen Arbeitern, die noch nie in ihrem Leben das Gefühl haben konnten, daß sie zählen, ein bisher nicht gekanntes Selbstbewußtsein verliehen. Arbeiter und Studenten trafen sich wirklich, die Bar – ein flüchtiger Ort – wurde die privilegierte Stätte der Begegnung. Marino, einer der militantesten Arbeiter, fand Kontakt zu *Lotta continua*, er fühlte sich ernst genommen wie noch nie. Adriano Sofri wurde sein verehrter Freund, seinem ersten Sohn gab er später den Vornamen ›Adriano‹, und noch während seiner Vernehmungen sprach er mit Achtung von seinem ehemaligen *leader*. Zu jener Zeit wurde in Italien eine Comic-Serie des Zeichners Roberto Zamarin berühmt, der selbst *Lotta continua* angehörte: Kurze Streifen aus mehreren Bildern, deren Hauptfigur und Held Gasparazzo war – ein naiv dreinschauender, politisch aber mit instinktiver List agierender junger Arbeiter aus dem Süden, den das fremde Arbeitschaos im kalten Norden zuerst in Verwirrung und Melancholie stürzt, der sich bald aber in Kampf, Sabotage und Arbeitsverweigerung ein Stück Leben erobert, der mit Bauernschläue agiert, dem dabei alle Verbissenheit fehlt und dem alles revolutionäre Pathos eher lächerlich vorkommt. Leonardo Marino war ein Gasparazzo.

Bald aber begannen sich die Wege zu trennen, und die Klassenschranken wurden wieder sichtbar und wirksam. Marino wurde, nach der kurzen Zeit der Gegenherrschaft, zumindest aber eines Machtvakuums bei FIAT, zuerst fabrikintern versetzt und dann – wegen Absentismus – entlassen. Noch zählte das nicht viel, denn die Organisation – viel mehr als nur ein politischer Organismus – bot Lebens- und Überlebensmöglichkeiten; Marino lebte für *Lotta continua* und vom Verkauf ihrer Zeitung. Doch die Tage der Organisation waren gezählt, man lief allmählich auseinander, und die kulturell wendigen Studenten fanden neue gesellschaftliche, berufliche und private Orte. Wie viele andere seiner Herkunft konnte Marino nicht mithalten, seine proletarische Vergangenheit holte ihn ein. Mit Frau und Kindern siedelte er ins Aosta-Tal über, schlug sich mit Kellnern durch, bediente Skilifte und ging schließlich nach Bocca di Magra. Er, der in den folgenden Jahren immer wieder die individuelle Hilfe seiner ehemaligen studentischen Genossen (nicht zuletzt die Sofris) in Anspruch nahm, war wieder ein Namenloser geworden: eine Erfahrung, die er als große Ungerechtigkeit erlebt haben muß. Über seine Zeit bei *Lotta continua* sagte er 1988: »Die Arbeiterklasse spielte keine wirkliche Rolle, sie war nur für die Choreographie von Bedeutung. Wenn ich jetzt an diese Jahre zurückdenke, komme ich zu der Überzeugung, daß ich benutzt worden bin.« Das ist *eine* Wahrheit der Bewegung von 1968. Während andere viele Möglichkeiten hatten, ihre Wahrheit dieser Bewegung darzustellen und zu verbreiten, bekam Marino nie die Gelegenheit, die seine zum Ausdruck zu bringen. Er war zum Schweigen verurteilt. Mit dem Gang zur Justiz hat er nachdrücklich in Erinnerung gerufen, daß auch er etwas mitzuteilen hat.

In dem Glauben, Sofri damit einen Dienst zu erweisen, versuchten einige Linke nach dessen Verhaftung, die Glaubwürdigkeit von Marinos Aussage durch den Verweis auf die *Person* in Zweifel zu ziehen: Dieser sei eine gescheiterte Existenz, womöglich geistig krank, ein wildgewordener Subproletarier, der nun um sich schlage und wenigstens diese eine Genugtuung verspüren wolle, seine ehemals bewunderten Kampfgefährten ins Unglück gestürzt zu haben. Denen, die so argumentierten, ist vermutlich nicht einmal der Verdacht gekommen, daß sie damit genau das Vorurteil wiederholten, welches das offizielle Italien schon immer gegenüber dem proletarischen Abenteuer von *Lotta continua* pflegte und das Leuten wie Marino ein Leben lang auf die Stirn und in die Seele geschrieben sein wird. Im Klartext haben sie gesagt: Den Gebildeten kann man Glauben schenken, das Pack aber lügt. (Sofri selbst hat sich in keiner Phase des Prozesses an dieser Kampagne zur Diskreditierung der Person Marinos beteiligt – und dieser Unwille, auf Marinos Beschuldigungen mit gleicher Münze zu antworten, könnte ein Grund für Sofris rätselhaftes Verhalten vor und während des Prozesses sein: Er hat zwar stets energisch darauf bestanden, daß die Beschuldigungen haltlos seien, hat aber alle Angriffe auf Marino unterlassen und – anders als Bompressi und Pietrostefani – nach dem Urteil in erster Instanz auf die Revision verzichtet.)

Bleibt ein letzter Aspekt. Ich meine das spezifische Gewicht von Worten, hier: derer, die um 1968 gesprochen wurden, und die Frage, wie heute mit ihnen umzugehen sei. Die linke Rhetorik dieser Zeit war militant und martialisch, gewalttätige Phantasien spielten in ihr eine beträchtliche Rolle, und es fällt nicht schwer, von hier aus einen Weg in die wirkliche Gewalt nachzuzeichnen. Sieht man *nur* diesen Weg, dann entstellt man jedoch die Geschichte von »1968«. Vieles, könnte man vermuten, mußte gesagt werden, damit es nicht getan werden würde, und darüber gab es eine geraume Zeit lang eine stillschweigende, aber wirksame Übereinkunft. Von »1968« ging ein Weg *und* kein Weg in die Gewalt. Auf einer Veranstaltung anläßlich der Verhaftung mehrerer Linker, die des – zehn Jahre zurückliegenden – Mordes an einem neofaschistischen Studenten verdächtigt wurden, erklärte Sofri 1985, er fühle sich mit den Festgenommenen, jenseits aller politischen Argumentation, solidarisch: »aus dem einfachen Grund, daß auch ich – und das ist keine Metapher – das hätte tun können, was sie getan haben«. Und er fügte hinzu: »Höre ich, wie jemand sagt, jene Jahre waren strahlende Jahre der Demokratie, für den Fortschritt, für die Bestätigung entscheidender Wahrheiten, für einen entscheidenden Wandel der Gesellschaft, dann fühle ich mich sehr unwohl und habe den Eindruck, da ist etwas falsch. Kommt aber jemand und sagt mir, das waren Jahre der blinden Gewalt, des Fanatismus, des Stumpfsinns, der Instrumentalisierung, dann fühle ich mich gleichermaßen unwohl und weiß, daß es nicht wahr ist. Das ist der Punkt, auf dem ich bestehen will: Ich glaube, daß die Wahrheit der Fakten, auch angenommen, sie sei als solche gesichert, nicht die Wahrheit ist.«

Intellektuelle sind keine Wesen mit höherem Einsichtsvermögen, aber man könnte der Meinung sein, die Suche nach einer solchen Wahrheit, die die Fakten übersteigt, falle in ihr Ressort. Der »Fall Sofri« war von Beginn an offensichtlich auch ein Versuch, unter der justiziellen Lesart alle anderen Wahrheiten von »1968« zu begraben, und es hätte daher nahe gelegen, daß Intellektuelle diesem Versuch einer gewaltsamen Eindeutigmachung von Geschichte energisch und unter Aufbietung all ihres Vermögens, Wirklichkeit zu lesen, in die Quere kommen würden − nicht zuletzt auch deswegen, weil viele Intellektuelle sich einst von den Ideen der Bewegung von 1968 hatten faszinieren, beflügeln und verwirren lassen und ihnen eine kritische Vergegenwärtigung ihres damaligen Überschwangs nicht schlecht zu Gesicht stehen würde. Doch der »Fall Sofri« war ihnen in ihrer Mehrheit kein Anlaß, dies kritische und selbstkritische Unternehmen in Gang zu setzen − wohl auch deswegen, weil sie dann nicht nur (wie gewohnt) über eine fehlerhafte Wirklichkeit, sondern auch über *eigene* Fehler, Versäumnisse und Unterlassungen hätten nachdenken müssen.

Als die Wochenzeitschrift *Europeo* im August 1988, also kurze Zeit nach Marinos Kontaktaufnahme mit der Justiz, eine Erklärung aus dem Jahre 1971 wiederabdruckte, in der etwa fünfzig Intellektuelle (unter ihnen Natalia Ginzburg, Giulio Carlo Argan und Umberto Eco) ihre Solidarität mit *Lotta continua* zum Ausdruck gebracht und an die gegen die Organisation ermittelnde Staatsanwaltschaft appelliert hatten, waren die angesprochenen Intellektuellen an ihrem Geschwätz von gestern nicht mehr interessiert. In der Erklärung hatte es, im großspurigen Ton der Zeit, u. a. geheißen: »Wenn die von Ihnen beschuldigten Bürger erklären, die Unternehmer seien Diebe und es sei gerecht, ihnen wieder abzunehmen, was sie geraubt haben − dann erklären wir, daß wir derselben Ansicht sind. Wenn sie rufen ›Klassenkampf! Bewaffnen wir die Massen!‹ − dann rufen wir es mit ihnen. Wenn sie sich für den tagtäglichen Kampf engagieren, einen Kampf, den sie mit der Waffe in der Hand gegen diesen Staat führen, bis zur Befreiung von der Herrschaft der Unternehmer und zur Abschaffung der Ausbeutung − dann stehen wir auch darin auf ihrer Seite.«

Es kann vorkommen, daß man auf zwingende Weise nach der Vergangenheit gefragt wird; so erging es Adriano Sofri und seinen Mitangeklagten. Das wäre für Intellektuelle, die sich zwei Jahrzehnte zuvor an der Seite Sofris wähnten und dies nicht selten medienwirksam bekundet hatten, ein guter Anlaß gewesen, noch einmal das politische Klima jener Jahre zu vergegenwärtigen und − jenseits von renegatenhafter Unterwürfigkeit − der Frage nachzugehen, was mit solchen Reden einmal gemeint gewesen sein könnte. Ausdrücklich darum waren sie von der Redaktion des *Europeo* gebeten worden. Doch die Antworten bestanden ohne Ausnahme aus Ausflüchten, Barschheiten und Verweigerung. Argan: »Ich erinnere mich an nichts. Ich habe die Erklärung unterschrieben. Ich will mich nicht mehr dazu äußern.« Natalia Ginzburg: »Ich verstehe nicht, was Sie von mir wollen. Ich habe keine Erklärungen abzugeben.« Andere sprachen, ohne genauer zu werden, von »Metaphern«, und Salvatore Samperi meinte: »Jeder hat das Recht zu der Meinung, es sei an der Zeit, zu den Waffen zu greifen, ohne daß das heißt, er müsse es selbst auch tun.«

Hat er, das gehört zu den Vorteilen der bürgerlichen Gesellschaft. Doch wer *nur* dieses unbestreitbare Recht in Anspruch nimmt, trägt sicher nicht zu dem bei, was man kaum noch »politische Kultur« nennen mag. Es kann keinen Zwang zu Moralität und Erinnern geben, und wer will, darf es als einen Akt der Zudringlichkeit empfinden, wenn er auf seine Rede von gestern angesprochen wird (ein Vorrecht im übrigen, das die Angehörigen der politischen Klasse gerne und extensiv in Anspruch zu nehmen pflegen). In unseren beweglichen Zeiten bringt, so scheint es, jede Etappe ein eigenes Diskursuniversum hervor, das sein Gravitationszentrum in sich selbst hat, das sich allein aus sich heraus legitimiert und zur Rechtfertigung dieses Verfahrens probate Theorien anzuführen weiß. Ist die Etappe durch Umstände, denen die Rede sich nur ungern widmet, zu Ende gegangen, wird das Diskursuniversum wie eine fehlerhafte Autoserie oder der Toaster von gestern aus dem Verkehr gezogen und durch ein neues ersetzt. Das beweist ohne Zweifel, welch hohen Grad an Mobilität der menschliche Geist erreicht hat, und ist insofern ein Fortschritt. Es trägt aber auch zur Verrohung der Sitten bei. Ich hänge lieber der altmodischen Ansicht an, daß die Erzeuger und Betreiber von Diskursen eine gewisse Verantwortung für ihre Produkte haben und in der Kunst bewandert sein sollten, die Diskurse von heute auf die von gestern zu beziehen und den – notwendig diskontinuierlichen – Fluß der Rede nicht abbrechen zu lassen.

Daß der Prozeß gegen Adriano Sofri u. a. – vorerst – so ausgegangen ist, wie er ausgegangen ist, hat mit zweierlei zu tun. Mit einer Justiz, die das ihr zustehende Terrain überschreitet, die Wahrheit und Meinung nicht scharf zu trennen vermag, die tautologische Geschichten erzählt und erfindet und die erschreckend unsicher auf dem Boden der Moderne und ihrer Individualrechte steht. Und mit Intellektuellen, die das ihnen zustehende Terrain preisgeben, die allzu vielsprachig mit der Wahrheit und den Wahrheiten umgehen, die das Erinnern zu freihändig betreiben und die nicht sehen wollen, daß Moralität zwar nicht Pflicht, gerade deswegen aber unersetzlich ist.

CARLO GINZBURG

Der Richter und der Historiker
Betrachtungen zum Fall Sofri

Die nachfolgenden Seiten schreibe ich aus zweierlei Gründen. Der erste ist ein persönlicher. Ich kenne Adriano Sofri seit über dreißig Jahren. Er ist einer meiner besten Freunde. Im Sommer 1988 wurde er der Anstiftung zum Mord beschuldigt. Ich bin mir der Haltlosigkeit dieser Anklage absolut sicher. Das Schwurgericht Mailand kam zu einem anderen Schluß. Am 2. Mai 1990 verurteilte es Adriano Sofri (zusammen mit Giorgio Pietrostefani und Ovidio Bompressi) zu zweiundzwanzig Jahren Haft und Leonardo Marino (der sie belastet hatte) zu elf Jahren: die ersten beiden als Auftraggeber, die anderen als Täter beziehungsweise Komplizen im Mordfall Luigi Calabresi, des am 17. Mai 1972 in Mailand erschossenen Polizeikommissars.

Nach italienischem Recht hat ein Angeklagter bis zum rechtskräftigen Urteil als unschuldig zu gelten. Doch zu Beginn des Prozesses in erster Instanz erklärte Adriano Sofri öffentlich, er wolle in keinem Fall von der Möglichkeit Gebrauch machen, in die Berufung zu gehen. So wie anderen, kamen auch mir sofort etliche Zweifel an der Opportunität dieser Entscheidung: nicht jedoch an der Lauterkeit der ihr zugrundeliegenden Motive. Bei politischen Prozessen oder solchen gegen die Mafia wurden in den letzten Jahren in Italien häufig (sehr häufig) die in erster Instanz verkündeten Schuldsprüche in der Berufung oder beim Obersten Gerichtshof aufgehoben. Durch den im voraus angekündigten Verzicht auf die Berufung wollte Sofri sich der Eventualität eines auf die lange Bank geschobenen Freispruchs entziehen. Der erschien ihm – ob zu Recht oder zu Unrecht – als nicht ganz vollwertig, nicht ganz rein: beinahe wie mit einem Makel behaftet. Jemand faßte seinen Entschluß als einen unbotmäßigen Versuch auf, Druck auf die Richter des gerade laufenden Prozesses auszuüben. Wer Adriano Sofri kennt, fand darin hingegen einen seiner Charakterzüge wieder: ein starkes Selbstbewußtsein, in diesem Fall unauflöslich verwoben mit der Gewißheit von der eigenen Unschuld und mit der Unduldsamkeit gegenüber Kompromissen. Durch den Verzicht auf die Berufung wird er vor Gericht nicht die eigene Unschuld vertreten können, wenn der Prozeß in zweiter Instanz wieder aufgerollt wird [siehe dazu das Vorwort von Thomas Schmid].

Ich schreibe am Vorabend dieses Prozesses aus einem Gefühl der Beklemmung heraus wegen der Verurteilung, die einen Freund von mir zu Unrecht getroffen hat, und in dem Bestreben, andere von seiner Unschuld zu überzeugen. Doch der Zuschnitt dieses Buches (das, wie man sehen wird, bei weitem kein Zeugnis ist) hat einen ganz anderen Ursprung. Und damit komme ich zum zweiten Grund, den ich vorhin andeutete.

Die Akten des Mailänder Prozesses und des vorausgegangenen Untersuchungsverfahrens stellten mich wiederholt vor das Problem der verwickelten und zwiespältigen Beziehungen zwischen Richtern und Historikern. Seit Jahren bereits beschäftigt mich diese Problematik. In einigen Aufsätzen habe ich versucht, den methodologischen und (im weiteren Sinne) politischen Implikationen einer Reihe von Elementen nachzugehen, die beiden Berufen gemein sind: Indizien, Beweise, Zeugenaussagen.[1] Eine tiefergehende Auseinandersetzung schien mir an diesem Punkt unausweichlich. Sie knüpft an eine lange Tradition an: der (im übrigen absehbare) Titel dieses Büchleins übernimmt, wie ich während des Schreibens entdeckte, den eines 1939 veröffentlichten Aufsatzes von Piero Calamandrei[2]. Heute jedoch hat der – zu keiner Zeit einfache – Dialog zwischen Historikern und Richtern eine für beide Seiten entscheidende Bedeutung erlangt. Ich werde mich bemühen, die Ursachen hierfür zu erklären, ausgehend von einem konkreten Fall: dem Fall, der mir aus den bereits genannten Gründen so nahegeht.

Bologna, Sommer-Herbst 1990

Die Urteilsbegründung wurde mit unglaublicher Verspätung am 12. Januar 1991 bekanntgegeben. Mit ihr setzt sich der zweite Teil dieses Textes auseinander. Ich habe es vorgezogen, diese beiden Teile aus Gründen, die ich noch erläutern werde, auseinanderzuhalten.

Los Angeles, Februar 1991

Für ihre Hinweise und Bemerkungen danke ich Paolo Carignani, Luigi Ferrajoli und Adriano Prosperi.

Für die deutsche Ausgabe habe ich das Postskriptum überarbeitet und an einigen Stellen leicht gekürzt.

Der Richter und der Historiker

I   Eine leichte Irritation. Das ist die erste Empfindung von jemandem, der es von Berufs wegen gewohnt ist, Inquisitionsprozesse aus dem 16. und 17. Jahrhundert zu studieren, und sich nun in die Akten zu dem Ermittlungsverfahren einliest, das der Untersuchungsrichter Antonio Lombardi und der Staatsanwalt Ferdinando Pomarici 1988 gegen Leonardo Marino und die mutmaßlichen Tatbeteiligten führten. Irritation, weil diese Dokumente wider Erwarten seltsam vertraute Züge aufweisen. Da sind zwar bedeutende Unterschiede, etwa die Anwesenheit von Verteidigern, die in einem Leitfaden der Inquisition wie dem *Sacro Arsenale* des Eliseo Masini (Genua 162) wohl vorgesehen war, damals aber kaum Anwendung fand. Doch die Verhöre der Tatverdächtigen finden – nicht anders als in den Gerichtssälen der Inquisition vor drei- oder vierhundert Jahren – im Verborgenen, abgeschirmt von den indiskreten Blicken der Öffentlichkeit statt (gar an unpassenden Orten wie Carabinieri-Kasernen).

Finden – oder besser – fanden statt. Mit dem Inkrafttreten der neuen Prozeßordnung 1990 ist die vertrauliche Ermittlung teilweise aus dem italienischen Strafprozeß verschwunden: und damit das vorwiegend untersuchende Moment, das sich nur schlecht mit dem anderen, vorwiegend anklagenden Moment der Verhandlungsphase in Einklang bringen ließ.[3] Das von Lombardi und Pomarici gegen Marino und seine mutmaßlichen Komplizen eingeleitete Ermittlungsverfahren war eines der letzten (wenn nicht gar das allerletzte), das nach der alten Ordnung durchgeführt wurde.

Aber der Eindruck der Kontinuität mit der Vergangenheit, der sich mir sofort aufgedrängt hatte, hing nicht nur mit den institutionellen Aspekten der Ermittlung zusammen. Er entstand aus einer eher subtilen und spezifischen Ähnlichkeit mit den Inquisitionsprozessen, die ich genauer kenne: denen gegen Frauen und Männer, die der Hexerei beschuldigt wurden. Dabei ist die Belastung der Tatbeteiligten von ausschlaggebender Bedeutung: vor allem dann, wenn im Mittelpunkt der Geständnisse der Angeklagten der Hexensabbat steht, die nächtliche Zusammenkunft von Hexen und Hexenmeistern.[4] Manchmal aus freien Stücken, häufiger jedoch unter dem Druck der Folter und der Suggestion der Richter, gaben die Beschuldigten schließlich die Namen derjenigen preis, die mit ihnen an den diabolischen Praktiken teilgenommen hatten. Auf diese Weise konnte ein Prozeß fünf, zehn, zwanzig weitere nach sich ziehen bis hin zur Einbeziehung ganzer Gemeinden (was in der Tat häufig der Fall war). Aber die römische Inquisition als Nachfolgerin der mittelalterlichen (oder wie sie auch genannt wird: bischöflichen) Inquisition, die einen entscheidenden Anstoß zur Hexenverfolgung gegeben hatte, stellte auch als erste die Frage nach der juristischen Legitimität dieser Art von Verfahren. Zu Beginn des 17. Jahrhunderts entstand in den Kreisen der Römischen Kongregation des Heiligen Offiziums ein Dokument mit dem Titel *Instructio pro formandis processibus in causis strigum, sortilegorum & maleficiorum* (»Anleitung zur Verfahrensweise bei Prozessen um Hexerei, Wahrsagerei und Zauberei«), das gegenüber der Vergangenheit eine klare Wende markierte. Die Erfahrung – so stand darin – zeigt, daß Hexenprozesse bisher nahezu in keinem Fall nach annehmbaren Grundsätzen abgehalten wurden.[5] Die Richter der peripheren Inquisitionstribunale wurden deshalb angewiesen: Sie sollten durch »sorgfältige richterliche Erkundung« jede Aussage der Angeklagten überprüfen; wenn möglich Beweisstücke ausfindig machen; nachweisen, daß Heilungen oder Krankheiten nicht auf natürliche Ursachen zurückzuführen waren.

Auch bei dem Prozeß, von dem hier die Rede sein soll, geht es um die Gestalt eines Angeklagten und Zeugen in einer Person, eines Angeklagten, der gleichzeitig sich und andere belastet. Die Selbstbeschuldigungen des Leonardo Marino sind der Schlußakt einer tragischen Folge in Italien jedermann bekannter Vorfälle. Ich werde sie kurz zusammenfassen. Am 12. Dezember 1969, am Höhepunkt jener Welle von Streiks und Arbeitskämpfen, die als »heißer Herbst« bekannt ist, explodiert in Mailand in einer Filiale der *Banca dell'Agricoltura* eine Bombe, die 16 Menschen tötet (ein weiterer stirbt bald darauf) und 88 verletzt. Zwei Tage später nimmt die Polizei einen Anarchisten fest, Pietro Valpreda, den die konservativ-gemäßigte Presse (allen voran der ›Corriere della Sera‹) der Öffentlichkeit als Urheber des Attentats vorführt. Der anarchistische Eisenbahner Giuseppe (Pino) Pinelli wird zu polizeilichen Feststellungen in das Mailänder Polizeipräsidium bestellt. Drei Nächte vergehen, und der Körper Pinellis fliegt aus dem Fenster des Dienstzimmers von Kommissar Luigi Calabresi, wo sich zu dem Zeitpunkt ein Offizier der Carabinieri und vier Polizeibeamte aufhalten. Ein Journalist findet Pinelli auf dem Pflaster liegend, bereits bewußtlos. Zwei Stunden später erklärt der Polizeipräsident von Mailand, Marcello Guida, in einer überraschend anberaumten nächtlichen Pressekonferenz, Pinelli sei angesichts der unwiderlegbaren Beweise für seine Mittäterschaft an dem von Valpreda ausgeführten Anschlag aus dem Fenster gesprungen, mit dem Ruf: »Das ist das Ende der Anarchie.« Später wird dieser

Umstand dementiert. Es heißt nun, Pinelli habe sich in einer Pause des Verhörs ans Fenster gelehnt, um eine Zigarette zu rauchen; dabei sei ihm übel geworden und er sei hinuntergefallen. Diesen gegensätzlichen Darstellungen wird eine dritte entgegengehalten, die in der (außerparlamentarischen und traditionellen) Linken hartnäckig und rasch Verbreitung findet: vom Karateschlag eines der Polizisten tödlich getroffen, sei Pinelli bereits leblos aus dem Fenster von Calabresis Dienstzimmer geworfen worden. 1969 entfacht die Gruppe Lotta Continua in ihren Blättern eine heftige Kampagne gegen den Kommissar Calabresi, der das Verhör führte, und beschuldigt ihn des Mordes an Pinelli. Nach einigen Monaten verklagt Calabresi die Tageszeitung ›Lotta Continua‹ wegen Verleumdung. Im Lauf des Verfahrens wird am 22. Oktober 1971 die Exhumierung von Pinellis Leiche beschlossen. Bald darauf lehnt Calabresis Rechtsanwalt den Gerichtsvorsitzenden wegen Befangenheit ab: Der Prozeß wird auf einen neuen Termin vertagt. Am 17. Mai 1972 wird Calabresi durch zwei Pistolenschüsse vor seinem Hauseingang erschossen. Niemand bekennt sich zu dem Mord. Tags darauf bewertet ein in der Tageszeitung ›Lotta Continua‹ erschienener Kommentar die Tat im wesentlichen positiv (»ein Akt, in dem die Ausgebeuteten ihr Verlangen nach Gerechtigkeit erfüllt sehen«), ohne aber dafür die Verantwortung zu übernehmen. Einige Zeit später werden einige Rechtsextremisten der Bluttat verdächtigt – das Verfahren wird später aus Mangel an Beweisen eingestellt. Sechzehn Jahre vergehen. Am 19. Juli 1988 erscheint ein ehemaliger Fiat-Arbeiter und früheres Mitglied von Lotta Continua, Leonardo Marino, in der Carabinieristation von Ameglia (unweit von Bocca di Magra, wo er mit der Familie wohnt) und erklärt, er befinde sich in einem Gewissenskonflikt und wolle verschiedene Straftaten im Zusammenhang mit seiner früheren politischen Aktivität gestehen. (Die Chronologie des Schuldbekenntnisses, wie sie hier wiedergegeben wird, ist die anfänglich verbreitete, nicht die, die sich zwei Jahre später beim Prozeß herausgestellt hat.) Am 20. Juli wird Marino in die Einsatzzentrale der Carabinieri in Mailand gebracht, wo seine ersten Aussagen zu Protokoll genommen werden. Einen Tag später erklärt er in Anwesenheit des Staatsanwalts Ferdinando Pomarici, außer an einer Reihe zwischen 1971 und 1987 begangener Raubüberfälle auch an der Ermordung Calabresis beteiligt gewesen zu sein. Diese sei (immer laut Darstellung Marinos) vom Leitungsausschuß von Lotta Continua mehrheitlich beschlossen worden. Er selbst, Marino, sei von einem führenden Mitglied der Gruppe, Giorgio Pietrostefani, zur Teilnahme an der Aktion verleitet worden; seine Zustimmung habe er erst gegeben, nachdem er von Sofri, dem er besonders verbunden war, eine ausdrückliche Bestätigung für den Beschluß erhalten habe (in Pisa, nach einer Kundgebung); wenige Tage nach dem Treffen mit Sofri habe er sich nach Mailand begeben und habe zusammen mit Ovidio Bompressi vor dem Wohnhaus Calabresis gewartet; gleich nach dem Mord habe er Bompressi, den eigentlichen Täter, in einen am Abend zuvor gestohlenen Wagen einsteigen lassen und sei geflohen. All dies gestand er unter Angabe einer Fülle von Details. Aber die noch so detaillierten Schilderungen eines sich selbst belastenden Zeugen stellen keine hinreichende Gewähr dar: das hatten bereits die Richter der römischen Inquisition des 17. Jahrhunderts beim Nachlesen der von ihren Kollegen abgehaltenen Hexenprozesse gemerkt. Ein Geständnis muß, wenn es glaubwürdig sein soll, durch Glaubwürdigkeitsnachweise belegt sein.

Wir werden gleich sehen, wie die Richter in dem Verfahren gegen die mutmaßlichen Urheber des Mordes an Calabresi sich mit diesen Schwierigkeiten beschäftigten. Es ist indes schon jetzt hervorzuheben, daß das Ausfindigmachen von Beweisen oder Glaubwürdigkeitsnachweisen ein Unterfangen ist, das nicht nur die Inquisitoren vor dreihundertfünfzig Jahren mit den Richtern von heute verbindet, sondern auch die heutigen Historiker mit den einen wie mit den anderen. Diese zuletzt genannte Überschneidung – und vor allem ihre Implikationen – lohnen eine nähere Betrachtung.

II   Die Beziehungen zwischen Geschichte und Recht waren stets sehr eng, seit vor zweitausendfünfhundert Jahren die literarische Gattung, die wir »Geschichte« nennen, in Griechenland entstand. Während das Wort »Historie« (*historia*) der medizinischen Sprache entstammt, kommt die Fähigkeit zur Argumentation, die es einschließt, aus dem juristischen Umkreis. Geschichte als eigenständige intellektuelle Tätigkeit entsteht (wie Arnaldo Momigliano uns vor einigen Jahren in Erinnerung brachte) am Schnittpunkt zwischen Medizin und Rhetorik: Sie untersucht Fälle und Situationen, indem sie nach dem Beispiel der Medizin den natürlichen Ursachen nachgeht, und legt sie nach den Regeln der Rhetorik dar – einer an den Gerichten entstandenen Kunst der Überzeugung.[6]

In der klassischen Tradition wurde von der historischen Schilderung (wie im übrigen auch von der Poesie) in erster Linie eine Eigenschaft erwartet, die die Griechen *enargheia* nannten und die Lateiner *evidentia in narratione:* die Fähigkeit, Personen und Handlungen lebhaft darzustellen. Genau wie ein Anwalt hatte der Historiker durch eine wirkungsvolle Argumentation zu überzeugen, die möglichst in der Lage sein sollte, die Illusion der Wirklichkeit zu vermitteln; und nicht durch das Vorführen von Nachweisen oder die Beurteilung von Nachweisen, die andere vorlegten.[7] Mit diesen letztgenannten Tätigkeiten befaßten sich Antiquare und Gelehrte; doch bis zur zweiten Hälfte des 18. Jahrhunderts bildeten Geschichte und Altertumskunde völlig unabhängige, in der Regel von unterschiedlichen Personen betriebene Disziplinen.[8] Als ein Gelehrter wie der Jesuit Henri Griffet in seinem *Traité des différentes sortes de preuves qui servent à établir la vérité de l'histoire* (1769) den Historiker mit einem Richter verglich, der sorgfältig Beweise und Zeugenaussagen abwägt, drückte er ein noch unbefriedigtes, wenn auch wahrscheinlich inzwischen vielerorts verspürtes Bedürfnis aus. Diesem sollte wenige Jahre später mit *The Decline and Fall of the Roman Empire* (*Verfall und Untergang des römischen Weltreiches*, 1776) von Edward Gibbon entsprochen werden: dem ersten Werk, das erfolgreich Geschichte und Altertumskunde auf einen Nenner brachte.[9]

Dem Vergleich zwischen Historiker und Richter sollte eine große Zukunft beschieden sein. In dem berühmten, ursprünglich von Schiller stammenden Ausspruch *Die Weltgeschichte ist das Weltgericht* verdichtete Hegel in der Doppelbedeutung von *Weltgericht* (»Tribunal der Welt«, aber auch »Jüngstes Gericht«) den Kern seiner Geschichtsphilosophie: die Säkularisierung der christlichen Vision von der *Weltgeschichte*.[10] Die Betonung fiel (mit der besagten Doppeldeutigkeit) auf das Urteil. Doch dem Historiker wurde auferlegt, Gestalten und Ereignisse auf der Grundlage eines tendenziell sowohl dem Recht als auch der Moral fernstehenden Prinzips zu beurteilen: den höheren Interessen des Staates. Bei Griffet hingegen fiel die Betonung auf das dem Urteil vorausgehende Moment, nämlich die unparteiische Beurteilung von Beweisen und Zeugenaussagen durch den Richter. Gegen Ende des Jahrhunderts bekräftigte Lord Acton in der Antrittsvorlesung anläßlich seiner Nominierung zum Regius Professor für Neuere Geschichte an der Universität Cambridge (1895) sowohl das eine wie auch das andere: die Geschichtsschreibung kann sich, wenn sie sich auf Zeugnisse stützt, über die Zwistigkeiten emporheben und zu einem »anerkannten Tribunal, ein und demselben für alle«, werden.[11] Diese Worte spiegelten eine Tendenz wider, die, angefacht vom herrschenden positivistischen Klima, rasche Verbreitung fand. Zwischen dem Ende des 19. und den ersten Jahrzehnten des 20. Jahrhunderts nahm die Historiographie, insbesondere die politische Historiographie – und hier in erster Linie die Historiographie zur Französischen Revolution –, ausgesprochen gerichtliche Wesenszüge an.[12] Wegen der Tendenz aber, politische Leidenschaft und berufliche Verpflichtung zur Unparteilichkeit eng miteinander zu ver-

27

knüpfen, wurde mißtrauisch beäugt, wer etwa wie Taine (der sich seinerseits gerühmt hatte, er wolle »moralische Zoologie« betreiben) das revolutionäre Phänomen mit der Haltung eines »höchsten und unerschütterlichen Richters« untersuchte. Alphonse Aulard, der Verfasser dieser Worte, wie auch sein akademischer Gegenspieler Albert Mathiez, zogen es vor, von Mal zu Mal die Rolle des Staatsanwalts oder des Verteidigers einzunehmen, um auf der Basis umfangreich belegter *dossiers* Robespierres Schuld oder Dantons Verderbtheit nachzuweisen. Diese Tradition gleichermaßen politischer wie moralischer Plädoyers, denen sich Verurteilungen oder Freisprüche anschlossen, wurde lange fortgesetzt: *Un jury pour la Révolution,* aus der Feder eines der bekanntesten lebenden Historiker zur Geschichte der Revolution, Jacques Godechot, stammt aus dem Jahr 1974.[13]

Das gerichtliche Modell hatte auf die Historiker zwei voneinander abhängige Wirkungen. Einerseits bewog es sie, sich auf die (politischen, militärischen, diplomatischen) Ereignisse zu konzentrieren, die als solche ohne allzu große Schwierigkeiten auf die Handlungen einer oder mehrerer Einzelpersonen zurückgeführt werden konnten, und andererseits all jene Phänomene (Geschichte der sozialen Gruppen, Geschichte der Mentalitäten und so fort) außer acht zu lassen, die sich in dieses Erklärungsmuster nicht einbinden ließen. Wie bei einem Fotonegativ erkennen wir mit umgekehrten Vorzeichen die Losungen, um die sich die 1929 von Marc Bloch und Lucien Febvre gegründete Zeitschrift ›Annales d'histoire économique et sociale‹ konstituierte: Ablehnung der *histoire événementielle,* Aufforderung zur Erforschung einer tiefer liegenden und weniger augenscheinlichen Geschichte. Es verwundert nicht, in Blochs kurz vor dem Tod verfaßten methodologischen Überlegungen den ironischen Ausruf vorzufinden: »Wir bitten euch inständig, ihr Anhänger und ihr Gegner Robespierres: Habt Erbarmen und sagt uns ganz einfach, wer Robespierre denn eigentlich war!« Angesichts des Dilemmas »Urteilen oder verstehen?« entschied sich Bloch ohne Zögern für die zweite Alternative.[14] Es war, wie es uns heute selbstverständlich scheint, die siegreiche historiographische Alternative. Um noch im Rahmen der Studien über die Französische Revolution zu bleiben: Der Versuch von Albert Mathiez, Dantons Politik durch seine und seiner Freunde Verderbtheit (*La corruption parlementaire sous la Terreur,* 1927[2]) zu erklären, erscheint heutzutage unangemessen, während die Rekonstruktion der *Großen Furcht* von 1789 von Georges Lefebvre (1932) zu einem Klassiker der zeitgenössischen Geschichtsschreibung wurde.[15] Lefebvre war nicht Mitglied der Gruppe der ›Annales‹ im engeren Sinn: aber *Die große Furcht* wäre nie geschrieben worden ohne die vorherige Veröffentlichung von *Les rois thaumaturges* (1924) von Bloch,

Lefebvres Kollegen an der Straßburger Universität.[16] Beide Bücher handeln von inexistenten Ereignissen: von der den Königen Frankreichs und Englands zugeschriebenen Macht, die Skrofulose-Kranken zu heilen, und von Überfällen von Räuberbanden im Auftrag des »aristokratischen Komplotts«. Historisch relevant wurden diese unwirklichen Begebenheiten durch ihre symbolische Wirksamkeit, d. h. durch die Vorstellung, die sich eine Vielzahl anonymer Einzelpersonen davon machte. Es läßt sich schwer etwas vorstellen, was von der einem juristischen Modell nachempfundenen, moralistischen Historiographie weiter entfernt wäre.

Über das verminderte Ansehen und das Schwinden jener Spezies von Historiker, die überzeugt war, die höhere Vernunft des Staates zum Ausdruck zu bringen, haben wir gewiß froh zu sein. Während es jedoch vor etwa zwanzig Jahren möglich war, ohne weiteres der von Bloch getroffenen klaren Unterscheidung zwischen Historiker und Richter beizupflichten, liegen die Dinge heute etwas komplizierter. Die berechtigte Unduldsamkeit gegenüber der einem juristischen Modell nachempfundenen Historiographie tendiert immer häufiger dahin, auch das miteinzubeziehen, was die vielleicht erstmals vom gelehrten Jesuiten Henri Griffet formulierte Analogie zwischen Historiker und Richter rechtfertigte: den Begriff des Beweises. (Was ich hier ausführe, bezieht sich nur in kleinsten Teilen auf italienische Erscheinungen. In freier Wiedergabe eines Brechtschen Ausspruchs könnte man sagen, daß die schlechten alten Dinge – angefangen bei der Philosophie Giovanni Gentiles, die in unserer Kulturlandschaft unsichtbar vorhanden ist – uns vor den schlechten neuen Dingen bewahrt haben.[17])

Für viele Historiker ist der Begriff des Beweises aus der Mode gekommen: ebenso wie der der Wahrheit, mit dem er durch eine sehr starke historische (also nicht notwendige) Bindung verquickt ist. Die Ursachen für die Entwertung sind zahlreich und nicht alle sind intellektueller Natur. Eine liegt sicher in dem übertriebenen Erfolg des Begriffs »Repräsentation« diesseits und jenseits des Atlantiks, in Frankreich wie in den Vereinigten Staaten. Dessen häufiger Gebrauch führt in vielen Fällen dazu, um den Historiker herum eine unüberwindliche Mauer aufzurichten. Die historische Quelle neigt dazu, ausschließlich als Quelle ihrer selbst (der Art ihrer Erschaffung) untersucht zu werden und nicht als Quelle dessen, wovon sie spricht. Anders ausgedrückt werden die (schriftlichen, bildlichen usw.) Quellen als Zeugnisse sozialer »Darstellungen« analysiert. Gleichzeitig aber wird die Möglichkeit zur Untersuchung der Beziehungen, die zwischen diesen Zeugnissen und den von ihnen bezeichneten oder dargestellten Realitäten bestehen, als unverzeihliche positivistische Naivität abgelehnt.[18] Freilich, diese Beziehungen sind nie ganz offenkundig: Sie im Sinne einer Spiegelung zu definieren – *das* wäre naiv. Wir wissen wohl, daß jedes Zeugnis nach einem bestimmten Kode aufgebaut ist; die historische Realität (oder die Realität) im Direktgang zu erfassen, ist an sich unmöglich. Daraus aber die Nicht-Erkennbarkeit der Wirklichkeit zu folgern, heißt in eine Form bequem radikaler Skepsis zu verfallen, die gleichermaßen aus existentieller Sicht unhaltbar und aus logischer Sicht widersprüchlich ist: bekanntlich unterliegt die Grundhaltung des Skeptikers nicht dem methodischen Zweifel, für den einzutreten er vorgibt.[19]

Dagegen sind für mich, wie für viele andere, die Begriffe »Nachweis« und »Wahrheit« grundlegender Bestandteil des Historikerberufs. Das impliziert natürlich nicht, daß inexistente Erscheinungen oder gefälschte Dokumente historisch wenig relevant wären: Bloch und Lefebvre haben uns schon vor geraumer Zeit das Gegenteil gelehrt. Aber die Analyse der Darstellungen darf nicht vom Prinzip der Wahrheit absehen. Die Inexistenz der Räuberbanden läßt die Angst der französischen Bauern im Sommer 1789 als bedeutungsreicher erscheinen (da tiefer und bezeichnender). Ein Historiker hat das Recht, dort ein Problem auszumachen, wo ein Richter auf »Einstellung des Verfahrens« befinden würde. Es handelt sich um eine wichtige Unterscheidung, die allerdings ein Element voraussetzt, das Historiker und Richter verbindet: den Umgang mit Beweismitteln. Beider Arbeit beruht darin, aufgrund bestimmter Regeln nachweisen zu können, daß x y getan hat: wobei x ebenso den womöglich anonymen Protagonisten eines historischen Ereignisses bezeichnen kann wie das Subjekt eines Strafverfahrens, und y irgendeine Handlung.[20]

Nicht immer aber läßt sich ein Nachweis erbringen; und selbst da, wo dies gelingt, wird das Ergebnis stets in die Kategorie der Wahrscheinlichkeiten (wenn auch vielleicht zu neunhundertneunundneunzig Tausendsteln) fallen und nicht in die der Gewißheit.[21] Hier tritt nun ein weiterer Unterschied zutage: einer der vielen, die jenseits der besagten, zunächst bestehenden Nähe die tiefe Kluft kennzeichnen, die Historiker und Richter voneinander trennt. Ich werde mich bemühen, sie nach und nach zu beschreiben. Dann werden auch die Implikationen – und die Grenzen – der von Luigi Ferrajoli nahegelegten, suggestiven Analogie ans Licht treten: »Der Prozeß ist sozusagen der einzige Fall von ›historiographischem Experiment‹: in ihm werden die Quellen *de vivo* ins Spiel gebracht, nicht nur weil sie direkt aufgenommen, sondern auch weil sie einander gegenübergestellt, gegenseitiger Prüfung unterzogen und – wie in einem Psychodrama – angeregt werden, den betreffenden Vorfall nachzuspielen.«[22]

III   Die Protokolle eines dieser historiographischen Experimente nahm ich in Augenschein: die Niederschriften der in der Ermittlungsphase von Richter Antonio Lombardi geführten Verhöre, die von ihm verfaßte Verfügung zur Eröffnung des Hauptverfahrens (im folgenden: Eröffnungsbeschluß), die Niederschriften der Verhandlungen des Mailänder Schwurgerichts unter dem Vorsitz von Manlio Minale, die Plädoyers von Staatsanwalt Ferdinando Pomarici, die Reden der Verteidiger und schließlich noch verschiedenes Begleitmaterial zu Leonardo Marino und den mutmaßlichen Tatbeteiligten. Insgesamt an die dreitausend Seiten. Von dem unerwarteten (und daher bestürzenden) Gefühl der Vertrautheit, das ich beim Lesen der Vernehmungsprotokolle des Untersuchungsverfahrens verspürt hatte, sprach ich bereits. Dieser Eindruck ließ selbstverständlich stark nach, sobald ich zur Hauptverhandlung überging. Der Dialog zwischen den Parteien, der vom Vorsitzenden Richter ständig gefiltert und vermittelt wird, schafft eine völlig andere Atmosphäre als der Inquisitionsprozeß. Umgekehrt (und paradoxerweise) kommt die Lebhaftigkeit der Tonbandabschriften der mündlichen Verhandlung den Protokollen der Inquisition viel näher als die stocksteife Behördensprache, in der die Verhöre der Ermittlungsphase aufgeschrieben (und dadurch verzerrt) sind, obwohl letztere unter juristischem Aspekt viel mehr Affinität zum Prozeß in der Inquisition hat. Es handelt sich gewiß im einen wie im anderen Fall um *Niederschriften:* bei der Umsetzung vom Mündlichen ins Schriftliche gehen Tonlagen, Stockungen, Schweigen, Gestikulation verloren. Sie gehen verloren, wenn auch nicht ganz. Häufig verzeichnen die Transkribenten in Klammern Tränen, Lachen, fehlende oder mit besonderer Vehemenz ausgesprochene Antworten[23] – und wandeln damit, ohne es zu wissen, auf den Spuren der Gerichtsschreiber des Heiligen Offiziums. Hier ist die Niederschrift bereits Interpretation, und prägt entsprechend die in naher (beispielsweise durch mich, der ich dies schreibe) oder ferner Zukunft ausgearbeiteten nachträglichen Interpretationen.[24]

Ich habe nie die Möglichkeit in Betracht gezogen, ausgehend von diesem dokumentarischen Material die Vorfälle, die Gegenstand dieses Verfahrens waren, aus historischer Sicht zu rekonstruieren. Ich wollte nicht; und wäre dazu auch gar nicht in der Lage gewesen. Meine Ziele waren viel enger gefaßt: eine Analyse der Akten in dem Bestreben, Unterschiede und Gemeinsamkeiten zwischen Historikern und Richtern hervorzuheben. Letztere beruhen, wie bereits gesagt, vor allen Dingen auf dem Umgang mit Beweisen. Doch im Unterschied zu den Richtern (und zu den Historikern, die sich mit *oral history* beschäftigen) bin ich nicht in der Lage, mich an der Produktion der Quellen zu beteiligen, die ich analysiere. Ich kann lediglich mit dem manchmal solidarischen, manchmal antagonistischen Beistand meiner Vorgänger (Richter, Zeugen, Angeklagter, Transkribenten) an ihrer Entzifferung mitwirken.

»Die Geständnisaussagen Marinos«, schreibt Untersuchungsrichter Antonio Lombardi in seiner Verfügung zur Eröffnung des Hauptverfahrens im Kapitel *Le fonti di prova* (Die Beweisquellen), »stellen [...] nach Qualität und Quantität die dominierende Beweisquelle in diesem Prozeß dar.« Ihre Aufrichtigkeit (erläutert der Untersuchungsrichter) steht außer Zweifel. In Marinos Gemüt reifte nach und nach ein unaufhaltsamer Abscheu gegen die begangenen Verbrechen heran. Ein tiefer ethischer Impuls trieb ihn dazu, sich selbst und die ehemaligen Gefährten anzuzeigen:

»Seit etlichen Jahren hatte sich in mir« – so beginnt das spontan abgelegte Geständnis Marinos – »die von moralischen und religiösen Gefühlen gebotene Einsicht gefestigt, vor den zuständigen Behörden Taten und Umstände zu gestehen, an denen ich Ende der 60er und zu Beginn der 70er Jahre beteiligt war, als ich aktives Mitglied der außerparlamentarischen Bewegung ›Lotta Continua‹ war. Obwohl ich mir sicher war, daß kein Verdacht je gegen mich erhoben werden könnte, auch weil ich noch nie mit der Justiz zu tun hatte, ist in mir seit 3 bis 4 Jahren ein Imperativ entstanden, das Bedürfnis, Rechenschaft abzulegen über Handlungen, die ich in einem politischen Zusammenhang begangen hatte, von dem ich mich seit über 15 Jahren gelöst habe [...] Auch wenn ich annehme, daß viele mir vielleicht nicht glauben können, habe ich beschlossen zu gestehen, was ich getan habe oder wovon ich Kenntnis habe, vor allen Dingen aus Achtung vor diesen Kindern [seinen beiden Kindern]« (*Zeug.*, S. I)[25].

Die Raubüberfälle, an denen er teilgenommen hatte (zumindest jene vor 1976), waren – laut Marino – von einer illegalen Unterorganisation von Lotta Continua organisiert worden, die Pietrostefani unterstand. Was die Ermordung Calabresis betrifft, war diese in einer Versammlung der Leitung von Lotta Continua diskutiert, zur Abstimmung gebracht und mehrheitlich angenommen worden. Hinter den Ausführenden, den Basismitgliedern Bompressi und Marino, sehen wir, wie sich die Auftraggeber abzeichnen, zwei angesehene Anführer wie Sofri und Pietrostefani, die die oberste Führungsriege der Organisation in Mitleidenschaft ziehen. Calabresi wurde somit im wahrsten Sinne des Wortes von Lotta Continua umgebracht.

Der Untersuchungsrichter weiß aber sehr wohl, daß die behauptete Aufrichtigkeit von Marinos Reue nicht ausreicht, um die Wahrhaftigkeit seiner Geständnisse zu garantieren. »Sie befanden sich häufig im Einklang mit den zum selben Punkt gemachten Aussagen von Zeugen und (hinsichtlich wichtiger Details) auch anderer Angeklagter; es ergaben sich schließlich unzweideutige Entsprechungen bei Feststellungen der Gerichtspolizei, Lokalterminen, Gutachten zu Waffen.« Gewiß, fährt der Untersuchungsrichter fort, »nicht alle Aussagen sind stets ausführlich und penibel in den Einzelheiten; manchmal sind sie hinterbracht; kleine Fehler, Auslassungen, Ungenauigkeiten, sich überlagernde Erinnerungen treten bei der Rekonstruktion so zahlreicher, viele Jahre zuvor geschehener Ereignisse immer unweigerlich auf [...] Diese kleinen Fehler wurden aber nach Auffassung des Untersuchungsrichters durch die aufmerksame Überprüfung derjenigen Bezugspunkte überwunden, die die Belastung der Tatbeteiligten betreffen« (*Eröffnungsbeschluß*, S. 70–71)[26].

Die »kleinen Fehler« stellen sich hier als nebensächliche Hinderlichkeiten dar, die dann »überwunden« werden. Weiter unten werden sie dann zur Garantie für die Authentizität: »Die Beurteilung der Bezichtigung der Tatbeteiligung hat [...] auf realistischer Basis zu erfolgen; beim Erzählen von so zahlreichen Fakten und Einzelheiten einen Bericht ohne jeden Fehler oder nebensächlichen Widerspruch zu verlangen, hieße von dem Aussagenden, in diesem Falle von Marino, übermenschliche Fähigkeiten zu erwarten; die Spontaneität seiner Erzählung kommt manchmal gerade durch das Vorhandensein kleiner Fehler oder nebensächlicher Widersprüche bei der Wiedergabe von Vorfällen aus weit zurückliegenden Jahren zum Ausdruck. Das grundsätzliche Problem besteht darin festzustellen, ob der mögliche kleine Fehler oder Widerspruch geeignet ist, die Beweiskraft des ganzen Berichts in Frage zu stellen. Und dies ist nach Ansicht des Untersuchungsrichters in Hinblick auf die geschlossene Erzählung des Angeklagten entschieden auszuschließen« (*Eröffnungsbeschluß*, S. 91–92).

Schauen wir sie uns also an, die »kleinen Fehler«, die Marino, wie Richter Lombardi im Eröffnungsbeschluß anerkennt, im Verlauf der Schilderung der Ermordung Calabresis unterlaufen sind.

a. Die Farbe des gestohlenen und dann beim Mordanschlag benutzten Fiat 125. Er war blau, nicht beige, wie er zunächst angegeben hatte (später sagte er, er habe ihn mit einem Wagen verwechselt, den er in Massa gestohlen hatte, um einen Raubüberfall auszuführen).
b. Der vom Tatort aus eingeschlagene Fluchtweg. In dem in der Ermittlung abgelegten Geständnis gab Marino an, aus der Via Cherubini in die Via Giotto oder Via Belfiore eingebogen zu sein in Richtung auf die Piazza Wagner. Aus den Aussagen der Augenzeugen ergibt sich hingegen, daß die Attentäter die Via Cherubini entlangfuhren und in die Via Rasori abbogen bis zur Via Ariosto/Ecke Via Alberto da Giussano, wo sie den blauen 125er mit laufendem Motor

stehenließen (siehe Stadtplan). Als Adriano Sofri in der Untersuchung auf diese aufsehenerregende Unstimmigkeit hinwies, erwiderten die Ermittler, Marino, mit den Straßennamen Mailands wenig vertraut[27], habe den Fluchtweg anhand eines Stadtplans beschrieben, den der Staatsanwalt ihm »verkehrt herum vorgelegt« hatte. – »[Marino]«, ist im Eröffnungsbeschluß zu lesen, »der sich Via Cherubini anders herum ansah und angab, sofort rechts abgebogen zu sein, las den Namen von Via Giotto oder Via Belfiore anstatt Via Rasori.« Nun, der von den Ermittlern verwendete unbeholfene Ausdruck »verkehrt herum vorgelegt« will offensichtlich zum Ausdruck bringen, daß der Stadtplan – bezogen auf den Benutzer (Marino) – in Süd-Nord-Richtung lag statt in Nord-Süd-Richtung. Da gibt es dann zwei Möglichkeiten: Um die Namen der Straßen lesen zu können, die nun wirklich »verkehrt herum« geschrieben sind, bittet Marino den Staatsanwalt, den Stadtplan entsprechend der üblichen Richtung Nord-Süd herumzudrehen; oder, da er es nicht schafft, die Straßennamen zu entziffern, zeigt er dem Staatsanwalt den eingeschlagenen Weg an. In beiden Fällen merkt dieser nicht, daß der von Marino angegebene Weg, abgesehen von der Beschreibung der Augenzeugen, auch zu dem Ort in Widerspruch steht, an dem der blaue 125er gefunden wurde. In dem Versuch, die eigene Schludrigkeit zu verbergen, stellen die Ermittler dem schludernden Angeklagten das beste Zeugnis aus: »Letztlich hat Marino also den hauptsächlichen sowie den nachgeordneten (dann tatsächlich eingeschlagenen) Fluchtweg perfekt beschrieben« (S. 257).

In diesem Fall wurde Marinos Version von Richter Lombardi und Staatsanwalt Pomarici als falsch anerkannt (wenn auch mit einer gewissen Verspätung). Es gab keine Alternative: jegliche Beschreibung des Fluchtwegs mußte ja notwendigerweise zu dem blauen 125er führen, den die Attentäter in Via Ariosto/Ecke Via Alberto da Giussano abgestellt hatten. Insgesamt aber hinterläßt das Ermittlungsverfahren eine ganz andere Beurteilung von Marinos Geständnis. In dem *I ris-*

Ausschnitt aus dem Stadtplan – mit Via Cherubini, dem Tatort der Ermordung – entnommen aus dem Straßenverzeichnis des Telefonbuchs von Mailand, anhand dessen Marino beim ersten Verhör durch Staatsanwalt Pomarici einen Fluchtweg nach der Tat beschrieb, der dem nachweislichen Fluchtweg der Attentäter entgegengesetzt war. Weder der Staatsanwalt noch der Ermittlungsrichter wurden auf den Umstand aufmerksam; im Gegenteil, die Schlußanträge unterstrichen die Richtigkeit der Beschreibung des Fluchtwegs seitens Marinos. Als nach der Veröffentlichung der Ermittlungsakten auf den Schnitzer hingewiesen wurde, erklärten die Richter es damit, daß der Stadtplan Marino »verkehrt herum« vorgelegt worden war.

P.LE
O CESARE BELI-SARIO
V.LE
V.LE
SOFOCLE
V.P. VERONESE
V.LE
D. ROBBIA
V. IPPOLITO NIEVO
V. LEONE
XIII
V. REGG. CAVALLERIA SAVOIA
NARROTI
VIA
TIZIANO
VIA
V. T. CREMONA
V. GRIZIOTTI
ROSSETTI
L.GO A. CAMUS
L.GO CARABINIERI D'ITALIA
VIA
MARIO
P.ZA
NARROTI
V.DUCCIO
DI BONINSEGNA
SOLENGHI
CAP. PONTI
L.GO ZANDONAI
VIA GRANCINI
PANZINI
PALLAVICINO
VIA
B. TELESIO
P.ZA
TOMM
M. BUO-
VIA
V.
BURCHIELLO
VIA G. PALLAVICINO
VIA ALBERTO DA GIUSSANO
P.ZA
WAGNER
VIA
GIOTTO
V. CHERUBINI
G. D'AREZZO
V.
VIA
RA-SORI
A. SCARPA
VIA
VIA BELFIORE
PTA
MAGENTA
O
ZA
ONTE
CORSO
CASTROVILLARI
V. DE
L.GO VERCELLI
S. SEVERO
P.LE
BARA
V. MONFERRATO
VIA CIMAROSA
VIA
V. A. MAURI
E. MOTTA
VIA B. PANIZZA
MICHELE D. CARSO
VERCELLINA
VIA
V.
MARENCO
V. G. DE ALESSANDRI
VIA POLIBIO
PAOLO
V. G.B. SORESINA
V.G. CANTO-
NI
P.ZA
DE MEIS
VIA S.
V.LE D. PTA
WASHINGTON
V. PI-
RANDELLO
ELBA
SERAO
C. SALUTATI
VERGA
VIA
A.
GIOVI
V.S.
CABOTO
P.ZA
PI-

contri (Die Entsprechungen) überschriebenen Kapitel des Eröffnungsbeschlusses, das der Vorbereitung und der Ausführung des Mordes an Calabresi gewidmet ist, wird behauptet (S. 264), daß der Bericht Marinos nicht nur »völlig übereinstimmt« mit der von der Polizei vorgenommenen Rekonstruktion, sondern es sogar ermöglicht, »einige Ungenauigkeiten... zu revidieren«. Anders ausgedrückt bedient sich das Ermittlungsverfahren, anstatt Glaubwürdigkeitsnachweise für das Geständnis des Angeklagten zu suchen, dieses Geständnisses als Prüfstein, um daran die Aussagen der Augenzeugen zu messen (und eventuell zu verwerfen).

IV   Der Vorsitzende des Mailänder Schwurgerichts, Manlio Minale, gab von Anfang der Hauptverhandlung an zu verstehen, er sei nicht gewillt, die Ergebnisse des von Richter Lombardi und Staatsanwalt Pomarici (der die ersten vier Verhöre Marinos alleine geführt hatte) geleiteten Ermittlungsverfahrens blindlings zu übernehmen. Die Glaubwürdigkeit des Angeklagten sei einer gründlichen Prüfung zu unterziehen. Schon von der ersten Vernehmung Marinos im Gerichtssaal an (9. Januar 1990) wurden die tiefen ethischen Beweggründe für seine Reue in Zweifel gezogen. Der Vorsitzende bemerkte, daß Marino, kurz bevor er sich zum Pfarrer von Bocca di Magra begab, um von seinem Reuegefühl zu sprechen, einen weiteren Raubüberfall unternommen hatte (*Verhandl.*, S. 14). »Kurz und gut«, fragte ihn der Vorsitzende an einer bestimmten Stelle, »wenn Sie zu Geld gekommen wären, hätten Sie dann Ihr Leben so weitergeführt und hätten Ihr Gewissen ein bißchen beruhigt, oder nicht?« (*Verhandl.*, S. 28). Bei der darauffolgenden Vernehmung (10. Januar 1990) wies der Vorsitzende Marino darauf hin, daß er von der Vorbereitungsphase zu Calabresis Ermordung in der Voruntersuchung drei verschiedene Fassungen geliefert hatte. *Erste Fassung:* Marino wird wiederholt von Bompressi angegangen, gibt sein Einverständnis zur Teilnahme an dem Anschlag und erhält in Pisa von Sofri und Pietrostefani (13. Mai 1972) die Bestätigung für die von der Leitung getroffene Entscheidung. *Zweite Fassung:* Marino erhält den ersten Vorschlag von Bompressi, bekommt detaillierte Anweisungen von Pietrostefani, löst die letzten Zweifel in Pisa mit Sofri bei einem Treffen, an dem auch Pietrostefani teilnimmt (*Verhandl.*, S. 39–42). *Dritte Fassung:* Der Mord wird in einer Reihe von Diskussionen von einer nicht näher bezeichneten »Gruppe« vorbereitet (Marino läßt sie dann in einer Erwiderung bestehen aus Pietrostefani, Bompressi und sich selbst). Im Laufe der Verhandlung taucht eine *vierte Version* auf, die Pietrostefani von dem Treffen in Pisa ausnimmt.[28] Die Gründe für

diesen neuerlichen Gesinnungswandel Marinos sind leicht auszumachen. Während der Ermittlungen hatte Pietrostefani zu bedenken gegeben, daß ein per Haftbefehl Gesuchter – und der war er zu jener
Zeit – sich schwerlich in Pisa hätte sehen lassen, wo jeder ihn kannte,
noch dazu an einem Tag, an dem die ganze Stadt von Polizeieinheiten
belagert war (Lotta Continua hatte zu einer Kundgebung zum Geden-
ken an den jungen Franco Serantini aufgerufen, der wenige Tage zuvor hilflos im Gefängnis an den Prügeln gestorben war, die er bei einer
Demonstration von der Polizei erhalten hatte). Warum hatte Marino
dann aber – wirft der Vorsitzende ein – vor dem Staatsanwalt ausge-
sagt, Pietrostefani habe »aus der Nähe oder von weiter weg« an dem
Gespräch in Pisa teilgenommen? Marino ist sichtlich verstört:

»Ja schauen Sie, als ich, sagen wir, dieses erste Protokoll aufnahm,
wo ich so spontan und von der Leber weg gesagt habe, daß ich von
Pietrostefani und von Sofri kontaktiert worden war, da wollte ich sagen, daß ich zuerst mit dem einen und dann mit dem anderen von dieser Sache gesprochen hatte. Offensichtlich war ich nicht…Das heißt,
ich dachte nicht, daß es zu dem Zeitpunkt wichtig wäre, genau anzugeben, mit wem ich zuerst gesprochen hatte und mit wem nachher,
die Orte usw. usw. Dann, als ich mich besann… Tatsächlich sprach
ich in Pisa ausschließlich mit dem Sofri, auch weil ich eben, ich sag' es
noch mal, mit dem ›Pietro‹ [d. h. Pietrostefani] andere Male zuvor Gelegenheit hatte mich zu treffen, und ich hatte mit ihm über diese Dinge
schon diskutiert…« (10. Januar 1990; [*Verhandl.*, S. 71]).

V   Marino spricht von einem isolierten Versehen, das »spontan
und frei von der Leber weg« entstanden sei. Es handelt sich aber vielmehr um eine der zahlreichen Nachbesserungen, die er während des
Prozesses an den nach und nach von diesem entscheidenden Vorfall
gelieferten Versionen anbringt.

Vernehmung vom 21. Juli 1988: »In der Zwischenzeit ereignete
sich der Tod von Serantini in Pisa, der um wenige Tage der Ermordung des Kommissars Calabresi vorausging; ich erinnere mich, daß es
eine mächtige Demonstration gab, an der sehr viele Mitglieder von
Lotta Continua teilnahmen; es fand auch eine Kundgebung statt, auf
der Adriano Sofri sprach. *Gleich nach dieser Kundgebung traten der
Sofri und der Pietrostefani an mich heran; ich erinnere mich, daß
wir zuerst in ein Lokal gingen, um etwas zu trinken, und dann sonderten wir uns ab und besprachen uns auf der Straße.* Sie bestätigten
mir, daß die Entscheidung vom Politischen Leitungsausschuß aus-

ging, und sagten mir, daß die Zeiten auch infolge des Todes von Serantini reif seien: die Entscheidung sei vorher gefallen, aus denselben Gründen, die mir von Enrico [= Bompressi] genannt worden waren, es sei aber opportun, die Sache zu beschleunigen, gerade um auf den Tod von Serantini zu reagieren, um so die Wut auszunutzen, die dieser Vorfall bei den Mitgliedern der Organisation hervorgerufen hatte. Daraufhin brachte ich meine Zustimmung zum Ausdruck. Im Laufe jenes Gesprächs wurden mir Weisungen allgemeiner Art erteilt: es wurde mir gesagt, im Falle einer Festnahme sollten wir aussagen, wir hätten völlig spontan gehandelt, aus eigener Initiative heraus, um auf diese Weise die Organisation herauszuhalten. Es wurde mir auch rechtlicher Beistand durch Anwälte zugesichert, denen keine Verbindungen zu Lotta Continua nachgesagt wurden, sowie finanzielle Hilfe für den Fall, daß sich Folgen für meine Unversehrtheit ergeben hätten. Nichts wurde mir hingegen hinsichtlich des genauen Operationsplans gesagt, außer daß ich wieder nach Turin zurückkehren und dort weitere Mitteilungen abwarten sollte« (*Prot.*, S. 8–9; Hervorhebung durch den Verfasser).

Vernehmung vom 29. Juli: Marino bestätigt die bereits gemachten Aussagen in Anwesenheit von Ermittlungsrichter Lombardi und Staatsanwalt Pomarici (und nicht mehr nur in Anwesenheit des letzteren). Doch gegenüber der vorangegangenen Version ist die Anwesenheit Pietrostefanis in Pisa abgemildert:

»*Ich kann mich genau erinnern, daß ich mich nach der Kundgebung mit Sofri und Pietrostefani etwas absonderte. Bei der Gelegenheit sprach ich vor allem mit Sofri, der der anerkannte Führer von L. C. war*« (*Ermittl.*, S. 3; kursiv durch den Verfasser).

In der Vernehmung vom 17. August nimmt Pietrostefani immer verblichenere Züge an:

»... ich muß sagen, daß die Ermordung Calabresis vor dem Tod von Serantini bereits in allen Einzelheiten vorbereitet worden war; wäre der Tod Serantinis nicht geschehen, so hätte man Calabresi doch ermordet, nur daß die Aktion ungefähr drei Wochen nach dem Tag vorgesehen war, an dem sie schließlich stattfand. Der Tod von Serantini bewirkte praktisch nur ein schnelleres Vorgehen. Tatsächlich, sobald wir von dem Tod erfuhren, rief mich Pietro [= Pietrostefani] in Turin und sagte mir, der Ausschuß habe beschlossen, die Sache vorzuziehen und somit auch die Wut der Genossen wegen des Todes von Serantini auszunutzen. Er fügte deshalb hinzu, die Aktion sei beschlossene Sache und, falls ich das bestätigt haben und mit Sofri sprechen wolle, dem ich – wie er wußte – sehr verbunden war, solle ich zu dessen Kundgebung nach Pisa fahren, wo ich ihn treffen und er mir den Beschluß der Leitung bestätigen würde. Das ist also der Grund, daß ich mich mit der Buffo zur Kundgebung nach Pisa begab und unter den schon dargelegten Umständen mit Sofri sprach. *Tatsächlich sprach ich also in Pisa ausschließlich mit Sofri,* da ich ja mit Pietro nicht mehr zu reden brauchte, nach den langen Gesprächen mit ihm in Turin über die Notwendigkeit der Aktion und über ihre Vorbereitungen. Ich brauchte nur die Bestätigung vom Sofri, das heißt, daß er mit der Aktion einverstanden war; erst nachdem ich mit ihm gesprochen hatte, gab ich mein endgültiges Einverständnis zur Teilnahme an der Aktion. In Pisa waren auch der Brogi und der Morini anwesend, auch wenn sie nicht an dem Gespräch zwischen mir und dem Sofri teilnahmen. *Der Pietrostefani war auch da, soweit ich mich erinnere, auch wenn das Gespräch direkt zwischen mir und dem Sofri ablief.* Wie ich schon sagte, erinnere ich mich nicht an ein Eingreifen Pietrostefanis in das Gespräch zwischen mir und Sofri, weil ich mit ihm keinerlei Anlaß mehr zu reden hatte« (*Ermittl.,* S. 12; meine Hervorhebung).

Gegenüberstellung mit Sofri am 16. September 1988:

»Ich möchte klarstellen, daß der Beschluß, Kommissar Calabresi zu ermorden, bereits vor dem Tod des Anarchisten Serantini in Pisa getroffen worden war, aber man beschloß, früher zu handeln, gerade um eine unmittelbare Antwort auf diesen Vorfall zu geben. Ich begab mich also in Begleitung von Laura Buffo nach Pisa, mit ihrem Auto, vor allem um eine Unterredung mit Adriano zu haben. In Pisa gab es an dem Tag zwei Kundgebungen: eine der Kommunistischen Partei und eine von Lotta Continua. Ich begab mich zur Kundgebung von Lotta Continua und wohnte dieser von Adriano Sofri abgehaltenen Kundgebung bei. *Nach der Kundgebung sprach ich Sofri an, und wir sonderten uns ab, um – ich glaube allein – zu sprechen,* und bei dieser Gelegenheit bestätigte Adriano mir alles, was mir bereits von Pietrostefani gesagt worden war. Er war besorgt, sagte mir aber, daß der Beschluß feststand, und bestätigte mir, daß es besser sei, die Aktion zeitlich vorzuziehen« (*Gegenüb.,* S. 5; meine Hervorhebung).

Rechtsanwalt Ascari fragt nach der Bedeutung des eingeschobenen »ich glaube allein«. Marino präzisiert: »*Ich habe mit ihm allein gesprochen,* obwohl auf dem Platz sehr viele Leute waren« (*Gegenüb.,* S. 6; meine Hervorhebung).

Sofri und Pietrostefani zusammen; vor allem mit Sofri; ausschließlich mit Sofri; mit Sofri allein. Im Verlauf dieser Reihenfolge entfernt sich die Gestalt Pietrostefanis immer mehr von der Szene des Gesprächs; auf die Frage der Ermittler aber, ob er physisch präsent war unter den Führungskadern von Lotta Continua, die nach der Kundgebung Sofri umringten, antwortet Marino widersprüchlich (»ich glaube Pietrostefani war anwesend«, »ich weiß nicht, ob Pietrostefani anwesend war«).[29]

Der Zweifel löst sich erst während der mündlichen Verhandlung (10. Januar 1990). Marino wird vom Vorsitzenden in die Enge getrieben. Vor unseren Augen sehen wir Pietrostefani entschwinden, sich in Luft auflösen: »Ich kann mich nicht erinnern, Pietrostefani gesehen zu haben [...] Ich persönlich bleibe der Ansicht, daß er da war, aber ich kann es nicht, sagen wir, mit Sicherheit behaupten [...] Ich wiederhole, ich habe nur mit Sofri gesprochen, in Pisa. Pietrostefani war in dem Moment nicht dabei, ich habe ihn nicht gesehen und kann mich nicht daran erinnern« (*Verhandl.*, S. 72–73).

Doch die Beschreibung des Gesprächs mit Sofri ist mit anderen Unklarheiten und Widersprüchen gespickt. Zunächst schwelgt Marino in Einzelheiten. Vernehmung vom 17. August:

»Um die Beschreibung der Episode des mit Sofri in Pisa vor dem Attentat geführten Gesprächs zu vervollständigen, muß ich unter Bestätigung der bisherigen Protokolle hinzufügen, daß Sofri mir sagte, er habe großes Vertrauen in mich und Enrico [= Bompressi], und jedenfalls beruhigte er mich, indem er mir erklärte, falls ich verhaftet würde oder umkäme, sei Sorge getroffen, daß jemand sich um meine Familie kümmere und insbesondere um meinen Sohn. Meine Bedenken wegen der Aktion ergaben sich auch aus dem Umstand, daß ich einen kleinen Sohn hatte und mir Gedanken machte, wie für ihn gesorgt werden könne, falls ich fiel oder verhaftet wurde. Er versprach mir umfassende Sicherheiten, indem er sagte, er würde sich um alles kümmern, und diesbezüglich sprach er auch von einem Unternehmer aus Reggio Emilia, der sich schon bereit erklärt hatte, im Falle meines Todes sämtliche von meiner Familie zu tragenden Auslagen zu übernehmen« (*Ermittl.*, S. 13).

Dies alles wird von Marino Punkt für Punkt bei der Gegenüberstellung mit Sofri (16. September) wiederholt, mit einer Klarstellung: »Jene Unterredung dauerte ungefähr zehn Minuten« (*Gegenüberst.*, S. 6). Sofri nimmt das mit offensichtlichem Sarkasmus zur Kenntnis. Es fällt auch gewiß nicht leicht, in einer so kurzen Zeitspanne ein Zwiegespräch unterzubringen, in dem es in dramatischer Weise um die Vorbehalte Marinos, die Argumentationen und Beteuerungen Sofris und endlich um die Entscheidung Marinos zur Teilnahme an dem Mordplan gegangen sein soll. Aber in den Antworten Marinos auf die Fragen des Vorsitzenden schrumpfen die wenigen Minuten noch mehr, bis sie nahezu in Luft zerfließen: »Diese Begegnung spielte sich sehr kurz ab, muß ich sagen...« (*Verhandl.*, S. 64); »... praktisch nahm dieses Gespräch dann nicht sehr viel Zeit in Anspruch, in dem Sinn, daß er [Sofri], sagen wir, Bescheid wußte von dem Plan, das

heißt ich hielt mich nicht damit auf, mit ihm den Ablauf zu bespre-
chen« (*Verhandl.*, S. 66). Ein kurzes, gerafftes, fast bürokratisches
Gespräch.

Sofri behauptet, daß dieses Gespräch (das – falls nachgewiesen –
das einzige ihn belastende Element wäre) nie stattgefunden hat; und
fügt hinzu, daß Marino bei dessen Erfindung zwei Umstände entgangen sind, die es als höchst unwahrscheinlich erscheinen lassen. Sofri
rief sie ihm im Verlauf der Gegenüberstellung ins Gedächtnis (*Gegenüb.*, S. 6–7). Der erste Umstand war der heftige Regen, der am Nachmittag des 13. Mai 1972 während und nach der Kundgebung in Pisa
fiel; der zweite ist der Besuch, den Marino am Abend desselben Tages
Sofri abstattete, der sich in der Wohnung seiner ehemaligen Frau befand.[30] Warum auf der Straße, im Regen sprechen, an einem von Polizisten umzingelten Ort, statt in einer Wohnung, in der es ein leichtes
gewesen wäre, bequem miteinander zu sprechen, ohne Zeugen?

Weitere Widersprüche werden vom Vorsitzenden aufgezeigt. In jenem Gespräch hatte Sofri angeblich gesagt »ich solle unbesorgt sein
[*Marino sagt das*], da sowohl er als auch die anderen Genossen großes Vertrauen in mich und in Ovidio hätten« (*Verhandl.*, S. 68–69).
Das aber, wendet der Vorsitzende ein, steht »in vollem Widerspruch«
zu einer früheren Behauptung Marinos: daß nämlich lange Zeit, und
auch noch zu diesem Zeitpunkt, Bompressi ihm lediglich als »Enrico«
bekannt war. In die Enge getrieben, nimmt Marino zurück, was er soeben gesagt hat: Sofri hat gewiß von »Enrico« gesprochen. Dasselbe
Wechselspiel wiederholt sich in bezug auf das Telefongespräch zur Bestätigung des Datums für den Anschlag: wer hatte es Marino angekündigt? Sofri? Marino, der zunächst verneint hatte, ändert seine
Meinung unter dem Nachhaken des Vorsitzenden: genau Sofri war es.
Ja, wie denn, gibt der Vorsitzende zurück: »Jetzt eben, vor einer Se-
kunde, haben Sie nein gesagt, Marino... Bleiben Sie ruhig! Vor einer
Sekunde haben Sie nein gesagt. Außerdem wird das alles aufgenom-
men: folglich, wenn wir uns dann ans Lesen machen... Verstehen Sie?
Der Eindruck ist halt, daß Sie mal so sagen und mal so« (*Verhandl.*, S.
73–74). Wenige Tage später (15. Januar) greift der Vorsitzende vor
Abschluß der ersten Serie von Vernehmungen Marinos eine weitere
Schwierigkeit auf. Marino hat soeben zugegeben, daß jemand ihn in
Turin angerufen hatte, um ihn darauf hinzuweisen, daß für den Anschlag alles vorbereitet sei: hatte er, Marino, denn die anderen ver-
ständigt, daß er bereit sei mitzumachen? »In der Tat«, kommentiert
der Vorsitzende, »hatte der Organisator noch nicht die Gewißheit Ihrer Einwilligung, dafür spricht jedenfalls, daß Pietrostefani Ihnen
sagte: ›Du, du bist noch am Zweifeln. Wenn du dir noch nicht ganz sicher bist, fahr nach Pisa.‹ Sie fahren nach Pisa und lösen Ihren Vorbe-

halt. Daß Sie also den Vorbehalt aufgegeben hatten, haben Sie das Pietrostefani nicht mehr mitgeteilt?«

Marino: »Nein.«

Vorsitzender: »Pietrostefani haben Sie nicht mehr gesehen?«

Marino: »Nein.«

Vorsitzender: »Zwischen dem 13. und dem 17. ....«

Marino: »Ich habe ihn noch mal gesehen... nein, nein... Ich habe ihn später wieder gesehen...«

Vorsitzender: »Und Enrico [= Bompressi] haben Sie auch nicht gesehen?«

Marino: »Nein.«

Vorsitzender: »Folglich war Enrico schon auf eigene Faust losgefahren?«

Marino: »Ja, ich habe ihn dann in Mailand getroffen...«

Vorsitzender: »Das will dann also heißen, die Operation war gestartet worden, noch bevor Sie Ihre volle Einwilligung gegeben hatten?«

[Anmerkung des Transkribenten: Auf die vom Vorsitzenden gestellte Frage gibt der Angeklagte Marino keine Antwort.]

Vorsitzender: »Na gut, das wissen Sie nicht!«

Marino: »Das weiß ich nicht.«

Vorsitzender: »Das objektive Faktum ist, daß Enrico bereits vor dem 13. weggefahren war und Sie von dieser Ihrer vollen Einwilligung Pietrostefani dann nichts mitgeteilt haben?«

Marino: »Nein« (*Verhandl.*, S. 281–82).

VI   Der Prozeß wurde von Luigi Ferrajoli – der Leser wird sich erinnern – als »das einzige ›historiographische Experiment‹« definiert. Der Richter, der die Vernehmung der Angeklagten und Zeugen vornimmt (»die *de vivo* ins Spiel gebrachten... Quellen«), verhält sich wie ein Historiker, der verschiedene Dokumente miteinander vergleicht, um sie zu analysieren. Die Dokumente (die Angeklagten, die Zeugen) sprechen aber nicht von allein. Wie vor über einem halben Jahrhundert Lucien Febvre in seiner Antrittsvorlesung beim Collège de France hervorhob, muß man geeignete Fragen an die Dokumente richten, um ihnen Aussagen zu entnehmen:

»... der Historiker durchstreift die Vergangenheit nicht auf gut Glück wie ein Lumpensammler, sondern mit einer präzisen Absicht, einem Problem, das es zu lösen, einer Hypothese, die es zu überprüfen gilt. Zu sagen, dies sei ›keine wissenschaftliche Einstellung‹, bekundet das nicht, daß man von der Wissenschaft, von ihren Bedingungen und ihren Methoden keine große Ahnung hat? Hat etwa der Histologe, der das Auge ans Okular seines Mikroskops legt, einen direkten Zugriff auf *facta bruta*? Das Wesentliche seiner Arbeit besteht doch darin, die Objekte seiner Beobachtung sozusagen zu erzeugen, manchmal mit erheblichem technischen Aufwand, und erst dann, wenn die Objekte ›stehen‹, seine Schnitte und Präparate zu ›lesen‹. Eine äußerst verzwickte Aufgabe; beschreiben, was man sieht, geht ja noch an; sehen, was man beschreiben muß, da liegt die Schwierigkeit.«[31]

Diese Überlegungen klingen nunmehr – zumindest prinzipiell – ziemlich selbstverständlich (auf der Ebene der eigentlichen Forschung allerdings sind sie es weit weniger). Wenn wir die von Ferrajoli nahegelegte Analogie weiterentwickeln, können wir versuchen, sie vom historiographischen auch auf den juristischen Bereich zu übertragen. Daß Untersuchungsrichter Lombardi und Staatsanwalt Pomarici sich bei ihrer Ermittlung von »einer präzisen Absicht leiten ließen, einem Problem, das es zu lösen, einer Hypothese, die es zu überprüfen gilt«, hat niemanden zu verwundern (geschweige denn zu entrüsten). Die Frage ist eine andere: die Qualität der entwickelten Hypothesen. Diese müssen (*a*) über starke analytische Aussagekraft verfügen; und falls die Tatsachen dagegensprechen, müssen sie (*b*) abgewandelt oder gar ganz fallengelassen werden. Wenn letzteres nicht der Fall ist, dann ist die Gefahr, einem (Justiz- oder historiographischen) Irrtum zu erliegen, unausweichlich.

Beim Lesen der Akten der mündlichen Verhandlung beschleicht einen das ganz deutliche Gefühl, daß die Hypothese, von der der Vorsitzende Minale ausging, ganz anders aussah als die, von der sich Ermittlungsrichter Lombardi und Staatsanwalt Pomarici leiten ließen. Im Laufe von vier langen Vernehmungen (9., 10., 11., 12. Januar 1990), auf die die Fragen der Anwälte folgten (12., 15. Januar), setzt der Vorsitzende Marino zu. Nach und nach kommen die Schwachstellen ans Licht, die Widersprüche, die Ungereimtheiten in seinen Geständnissen. Die Anklagen gegen die mutmaßlichen Auftraggeber bekommen einen deutlichen Riß und damit auch der Versuch, Lotta Continua als Organisation in den Mordfall Calabresi zu verwickeln. Nicht nur das: aus den unbeholfenen Antworten Marinos auf die Entgegenhaltungen des Vorsitzenden kommt ein ganz unwahrscheinlicher Umstand ans Licht, wonach nämlich die Organisatoren des Anschlags sich vier Tage vor dem geplanten Tag nicht darum kümmerten, ob der vorgesehene Fahrer (Marino selbst) sein Einverständnis zur Teilnahme an der Aktion gegeben hatte. Wer die Vernehmungen Marinos vor Gericht liest, kann sich nicht des Eindrucks erwehren, der Prozeß entwickle sich unter der Leitung des Vorsitzenden in eine ganz andere Richtung als die dann tatsächlich eingeschlagene. Ist das eine retrospektive optische Täuschung, oder gab es an einem bestimmten Punkt eine Wende? Wurde die ursprünglich vom Vorsitzenden Minale formulierte Arbeitshypothese von diesem selbst auf Grund neuer Elemente, die sich im Verlauf der Verhandlung ergeben hatten, korrigiert?

VII   Mehr als bloß neue Elemente: im Verlauf der Verhandlung gab es eine regelrechte Sensation. Am 20. Februar 1990 erklärte ein vom Gericht geladener Zeuge – Polizeimeister Emilio Rossi – unter allgemeiner Verblüffung, daß Marino in der Carabinieristation von Ameglia ein erstes Mal bereits am 2. Juli 1988 vorgesprochen hatte; nicht am 19. also, wie er im Ermittlungsverfahren angegeben hatte. Polizeimeister Rossi sagte, Marino sei ihm »merkwürdig (das heißt aufgewühlt und ein bißchen unruhig)« vorgekommen. Er hatte gesagt, er wolle über »heikle« Angelegenheiten sprechen; er hatte angefangen, sein Leben zu erzählen, wobei er von »ziemlich gravierenden Vorkommnissen« im Zusammenhang mit seiner Zeit als aktives Mitglied von Lotta Continua, zwanzig Jahre zuvor, sprach; er hatte, stets vage bleibend, einen »besonderen Vorfall« angedeutet, der anscheinend »schwerwiegender war als die anderen« und sich in Mailand zugetragen hatte. Polizeimeister Rossi hatte sich mit seinem direkten Vorgesetzten in Verbindung gesetzt, Hauptmann Maurizio Meo, dem Kommandanten der Kompanie von Sarzana. Hauptmann Meo hatte sich sofort mit Marino getroffen: noch in der Nacht vom 2. auf den 3. Juli. Es war Marino gewesen, der verlangte, die Begegnung solle nach ein Uhr nachts stattfinden, zu der Stunde, da er aufhörte zu arbeiten (im Sommer verkaufte er Crêpes aus einem Lieferwagen in Bocca di Magra). Wiederum hatte Marino, nach wie vor vage, von einem »schwerwiegenden Vorfall« gesprochen, »der sich in Mailand zugetragen hatte«. Am 4. Juli (der 3. war ein Sonntag) hatte Hauptmann Meo den Bereichskommandanten angerufen und um die Erlaubnis gebeten, nach Mailand zu fahren, um den Fall dem Oberstleutnant Umberto Bonaventura von der Einsatzzentrale vorzutragen. Am 5. Juli hatte Meo mit Bonaventura in Mailand gesprochen; in der Nacht vom 5. auf den 6. hatte er in Ameglia ein erneutes Gespräch mit Marino; in der Nacht vom 7. auf den 8. (und dann nochmals in der Nacht des 13. und am Vormittag des 19.) war Bonaventura nach Sarzana gekommen, um sich mit Marino zu treffen. Dies alles wurde unter Angabe einer Unmenge weiterer Details von Hauptmann Meo und von Oberstleutnant Bonaventura bestätigt, die am 20. und am 21. Februar ebenfalls zu Zeugenaussagen vor das Mailänder Schwurgericht zitiert wurden (*Verhandl.*, S. 1582–1635; 1690–1723).

In einem entscheidenden Punkt also – dem mühsamen Beginn seiner Geständnisse – hatte Marino Ermittlungsrichter Lombardi und Staatsanwalt Pomarici belogen. Heute wissen wir, daß dem von ihnen geleiteten förmlichen Ermittlungsverfahren eine siebzehn Tage dauernde Phase vorangegangen war, in der Marino in den Carabinieri-Kasernen von Ameglia und Sarzana eine Reihe formloser Gespräche geführt hatte. Von diesen Gesprächen gibt es keine Protokolle oder andere dokumentarische Spuren. Damit nicht genug. Verblüffend ist die Uhrzeit, fast immer des Nachts: die Carabinieri rechtfertigen es mit der Arbeitszeit Marinos – der allerdings, wie man dann feststellt, am Vormittag nicht arbeitet. Und schließlich, wieso soviel Rücksichtnahme auf Marino? Dabei stößt man auf eine andere Merkwürdigkeit, vielleicht die größte: das Mißverhältnis zwischen der Unbestimmtheit von Marinos Geständnissen in dieser Phase und dem Interesse, das sie auf immer höheren Ebenen der Hierarchie hervorrufen. Die Andeutung Marinos »eines schwerwiegenden Vorfalls in Mailand« zwanzig Jahre zuvor, gefolgt von der Erklärung, er »berichte lieber an höherer Stelle« (laut Oberstleutnant Rossi: *Verhandl.*, S. 1583–84), zeigt unmittelbare Wirkung. Hauptmann Meo beeilt sich, sich mit Marino zu treffen, auch wenn er dann nur Wehklagen, Reumütigkeit und die übliche Andeutung »eines schwerwiegenden Vorfalls, der sich in Mailand ereignet hat« zu hören bekommt (*Verhandl.*, S. 1601). Nicht gerade viel, möchte man meinen, aber immerhin genug, um noch in derselben Nacht eine Person wie Oberstleutnant Bonaventura in Mailand aus dem Sessel zu reißen: einen Experten der Terrorismusbekämpfung, vormaligen Mitarbeiter im Stab von General Dalla Chiesa. Nun, Bonaventura hatte sich wiederholt gerade mit dem Mordfall Calabresi beschäftigt: dies sei jedoch (so wird uns gesagt) reiner Zufall, da Marino seine Teilnahme an der Ermordung Calabresis erst später, im Ermittlungsverfahren enthüllte, und zwar genau am 21. Juli, während des zweiten, von Staatsanwalt Pomarici geleiteten Verhörs (*Prot.*, S. 7 ff.).

Die ersten beiden Treffen von Oberst Bonaventura mit Marino verlaufen ohne Ergebnis. Im Verlauf des dritten sagt der Oberst mehr oder weniger folgendes (es berichtet wieder Hauptmann Meo):

»Marino, schauen Sie mal, Sie müssen sich entscheiden: also wir können uns hier nicht über Ihre persönlichen Probleme unterhalten und die Ihrer Familie, wo Sie doch sicher hergekommen sind, um uns etwas Bestimmtes zu sagen, und dieses eine Bestimmte wollen Sie uns nicht sagen … Sie sagen es uns nicht und Sie lassen uns nicht einmal erkennen, wovon Sie eigentlich reden wollen. Kommen Sie nach Mailand. Schreiben wir was und schauen wir, ob Sie zur Einsicht kommen, uns etwas zu sagen und etwas mehr zu sagen, damit wir ein bißchen verstehen können, wovon Sie uns was sagen wollen: es ist ja zwecklos, daß Sie uns von diesem schwerwiegenden Vorfall erzählen… schwerwiegenden Vorfall… schwerwiegenden Vorfall, ohne uns zu erklären, worum es eigentlich geht.«

Wie kommt es denn aber – fragt der Vorsitzende – daß Marino seine Zustimmung gab, nach Mailand zu fahren? Das versucht Hauptmann Meo, mit etwas umständlichen Worten so zu erklären:

»… na ja, wir hatten zunächst versucht, ihn zum Sprechen zu bringen und ihn eventuell etwas aufschreiben zu lassen oder ihn dazu zu bringen und zu erfahren, worüber er reden wollte. Da war nämlich sein Widerstreben gegen das Gespräch. Wir suchten und verstanden vielleicht… ›Vielleicht ist es besser, daß in Mailand… Wo er ihn doch, den schwerwiegenden Vorfall, in Mailand begangen hat, oder er begangen worden ist, dieser Vorfall, von dem er etwas weiß und sprechen will… vielleicht kann Mailand die Situation entkrampfen‹« (*Verhandl.*, S. 1615).

»Wo er ihn doch, den schwerwiegenden Vorfall, in Mailand begangen hat…«: ein Ausrutscher, prompt korrigiert (»oder er begangen worden ist, dieser Vorfall, von dem er etwas weiß«). Wenn Marino in dieser Phase nicht protokollierter Gespräche eine besondere Straftat gestanden hätte, wären die Carabinieri klarerweise verpflichtet gewesen, Marino – nach den nötigen Feststellungen – dem zuständigen Richter zu übergeben, damit ein förmliches Ermittlungsverfahren aufgenommen werde. Aber hinter dieser eventuellen Nachlässigkeit tut sich eine andere, viel beunruhigendere Möglichkeit auf: daß nämlich in jenen siebzehn Tagen in den Kasernen von Ameglia und von Sarzana auch von der Ermordung Calabresis die Rede war. Dann käme unweigerlich der Verdacht auf, Marinos Geständnisse im Ermittlungsverfahren seien von vornherein in Übereinstimmung mit den Carabinieri manipuliert oder gar angefertigt worden. Doch die maßgebliche Zeugenaussage von Oberstleutnant Bonaventura räumt jeden Zweifel aus. Alles verschwimmt in einem ganz dichten Nebel, sogar die Anspielungen auf Mailand, die regelmäßig in Marinos Reden auftauchen: »Die Rede war im großen und ganzen die. Schwerwiegende Vorfälle im Norden und so weiter. Dann der Hinweis auf Mailand… das heißt: ich fing dann an, ein bißchen nachzuhaken und… fragte: ›Beziehen sich die Vorfälle auf Mailand? Beziehen sie sich auf Turin?‹ und so weiter… Ich kam zu der Überzeugung, es sei tatsächlich etwas, das Mailand betreffe, das mit Mailand zu tun haben könnte [...]. Warum ich zu der Überzeugung kam? Weil er mir sagte, er kannte Mailand, er war dort gewesen, er hatte sich an bestimmten Orten in Mailand aufgehalten... Ohne jetzt klarerweise genau Bezug zu nehmen.« Der Verdacht, bei dem ›schwerwiegenden Vorfall‹ handele es sich um den Mord an Calabresi, war Oberstleutnant Bonaventura erst in Mailand gekommen, am 20. Juli, nach dem ersten protokollierten Verhör:

»Aber als er an einem bestimmten Punkt sagte: ›Ich will mit dem Oberstaatsanwalt von Mailand sprechen und... ich habe große Angst, ich will mit dem Oberstaatsanwalt sprechen, weil es ein schwerwiegender Vorfall ist.‹ Und da kam mir die Vermutung, daß er, mehr als betroffen zu sein von diesem schwerwiegenden Vorfall, vielleicht gar zu den Akteuren des schwerwiegenden Vorfalls gehöre. Das war aber eben von mir... eine Form von Intuition meinerseits. Eine Art von Überlegung. Die konnte stimmen, die konnte auch falsch sein [...] der Vorfall hatte Mailand im Brennpunkt, und die Rede war von den Jahren '72, meine ich. Ja, nicht mehr undefiniert vor 20 Jahren. Und folglich war die Angelegenheit schon eher...« (21. Februar 1990; *Verhandl.*, S. 1705–9).

Aber im Protokoll der Vernehmung vom 20. Juli, bemerkt Rechtsanwalt Gentili (Verteidiger von Sofri), ist nicht die Rede von '72 (*Verhandl.*, S. 1714). Was dann?

»Nun« — erläutert Oberst Bonaventura — »nach meiner Erinnerung ging es so weiter, daß er seine Lebensgeschichte erzählte, und dann fuhr er fort und erzählte von den Kontakten, die er hatte... daß er in Mailand gewesen war, in Turin gewesen war... Die Sache, daß ich sagen konnte, daß meine Aufmerksamkeit auf zwei Ebenen gerichtet war, daß ich an Calabresi dachte, weil er sagte '72, vielleicht habe ich mich nicht klar ausgedrückt, Herr Vorsitzender, aber in meinen Gedanken, da hatte ein bißchen dieses Gerede von dem schwerwiegenden Vorfall in Mailand etwas ausgelöst. Weshalb ich ihn zum Staatsanwalt brachte, und es konnte sich um gar nichts anderes handeln. Auch weil man mir keine alten Klamotten auftischte. Was weiß ich: Piazza Fontana, Annaruma, so was... Was er sagte, hatte nicht, sagen wir mal, mit diesen Ereignissen irgendwie zu tun. Er hatte mir nicht erzählt, daß er etwa in den 60er Jahren in Mailand gewesen war. Er hatte mir nichts von Straßenschlachten erzählt... So, das ist ein bißchen das...« (*Verhandl.*, S. 1714–15).

VIII   In den Darstellungen der drei Carabinieri paßt alles (fast) perfekt zusammen. Der Wurm ist aber schon drin in ihrem Gebälk, das beim ersten Windstoß in einer Wolke unzusammenhängender Halbsätze in sich zusammenfällt. Kein vernünftiger Mensch wird glauben, daß ein angesehener Fachmann der Terrorismusbekämpfung sich dreimal des Nachts von Mailand nach Sarzana begibt, nur um die unter Wehklagen und Schweigen stundenlang wiederholten, vagen Anspielungen eines unbekannten Crêpes-Verkäufers auf einen ›schwerwiegenden Vorfall‹ anzuhören.[32] Viel wahrscheinlicher ist die Vermutung, Marino habe bei seinen Zusammenkünften mit den Carabinieri zu dem »schwerwiegenden Vorfall« genauere Angaben gemacht, wie der Ausrutscher von Oberst Bonaventura verrät (»der Vorfall hatte Mailand im Brennpunkt, und die Rede war von den Jahren '72«). Im übrigen unterläuft auch einem anderen Zeugen, Hauptmann Meo, ein ähnliches Versehen:

»Den schwerwiegenden Vorfall, den definierte er [Marino] als eine schwerwiegende Straftat, die in Mailand begangen worden war und, wenn ich mich nicht irre, und auf jeden Fall müßte es auch stehen... was in dem Protokoll steht, das er aufgenommen hat, mir scheint er hat das im Jahr '72 angesiedelt, oder so was Ähnliches« (*Verhandl.*, S. 1620–21).

Rechtsanwalt Gentili hob hervor, daß im Protokoll der Vernehmung vom 20. Juli, die in den Räumen der Einsatzzentrale der Carabinieri in Mailand stattfand, von '72 nicht die Rede ist. Da Hauptmann Meo erklärt, er habe der Vernehmung beigewohnt, können wir daraus schließen, daß das Protokoll – zumindest in diesem Punkt – nicht zuverlässig ist.[33] Eine bestürzende Schlußfolgerung. Noch bestürzender aber ist eine Frage des Vorsitzenden, die durch die Zeugenaussage von Hauptmann Meo ausgelöst wird.

Als er zum ersten Mal den Namen Marino zu hören bekam, fragte Oberst Bonaventura (so erzählt Meo): »Wer ist denn dieser Mensch?«

»Konnte der Oberst, mit dem Hinweis auf '72, den schwerwiegenden Vorfall denn nicht identifizieren?« fällt ihm der Vorsitzende ins Wort (*Verhandl.*, S. 1602).

Zu dem Zeitpunkt, da diese Worte ausgesprochen wurden, hatten weder Hauptmann Meo noch Polizeimeister Rossi sich in ihren Zeugenaussagen ausdrücklich auf '72 bezogen. Ersterem gegenüber hatte Marino von »Vorfällen von vor zwanzig Jahren...« gesprochen, »von einem schwerwiegenden Vorfall, der sich vor vielen Jahren in Mailand zugetragen hat« (*Verhandl.*, S. 1597–98); zu letzterem von »einem in Mailand geschehenen schwerwiegenden Vorfall... vor ungefähr zwanzig Jahren« (*Verhandl.*, S. 1583). Die Anspielung des Vorsitzenden scheint von daher völlig ungerechtfertigt. Es sieht so aus, als habe er unwillentlich eine Wahrheit ans Licht gebracht, über die der Vorsitzende selbst, Polizeimeister Rossi, Hauptmann Meo, Oberst Bonaventura und natürlich der Angeklagte Marino Bescheid wußten: daß nämlich die Schilderung jener nicht protokollierten und im Gerichtssaal mit einer Fülle pittoresker Details vorgetragenen nächtlichen Begegnungen einfach nicht der Wahrheit entsprach. Aber natürlich kann eine derart gravierende Mutmaßung nicht auf der Basis eines einzigen, beunruhigenden Indizes angestellt werden.

IX   Und dennoch, wie kann man angesichts derart vieler Widersprüche und Unstimmigkeiten sicher sein, daß die von den drei Carabinieri im Gerichtssaal gelieferte Darstellungsweise die richtige ist und nicht einfach die letzte in zeitlicher Folge?[34] Was Marino und Oberst Bonaventura sich in der Kaserne von Sarzana wirklich gesagt haben, werden wir – aller Voraussicht nach – nie erfahren. Es sollte ja im übrigen niemand wissen, daß es jene nächtlichen Gespräche überhaupt gegeben hatte. Ohne große Umstände lädt Oberst Bonaventura die Verantwortung für dieses erzwungene Stillschweigen auf die Mailänder Richter ab: »Wir wurden einigermaßen verpflichtet [...] von der Gerichtsbehörde aus, absolutes Stillschweigen zu bewahren und alles...« (*Verhandl.*, S. 1720).

Wußten Lombardi und Pomarici demnach Bescheid? Zunächst sagte Pomarici, die vor Gericht von Polizeimeister Rossi eingebrachten Enthüllungen seien für ihn völlig neu; dann berichtete er aber, die geladenen Carabinieri hätten ihn angerufen, um ihn darüber zu informieren – oder vielleicht ihn zu konsultieren –, was sie im Gerichtssaal sagen würden, und er setzte seinerseits den Chef der Staatsanwaltschaft davon in Kenntnis. Laut weiteren Äußerungen waren ihm die nächtlichen Sitzungen mit Marino in den Kasernen der Carabinieri seit einer ganzen Weile bekannt. Seit wann? Und weshalb hatte er nicht die verlogenen Aussagen Lügen gestraft, die Marino zuerst in der Ermittlung und dann zu Beginn der mündlichen Verhandlungen gemacht hatte?

In seinen Schlußanträgen bemerkte Pomarici, daß in Marinos Schweigen über den tatsächlichen Beginn seiner informellen Kontakte mit den Carabinieri manche »etwas Verdächtiges, Trübes, Unklares« sähen. Wenn da aber »etwas Verdächtiges, Trübes, Unklares« gewesen wäre, wandt Pomarici ein, dann »hätten die Carabinieri Marino offensichtlich gedeckt«: sie hätten sich vorab mit ihm abgesprochen, und daher »hätte es nicht diese Loyalität der Carabinieri gegeben, die in die Verhandlung gekommen sind, um zu sagen: nein, die Dinge liegen ein wenig anders, die ersten formlosen Kontakte begannen am 2. Juli, die haben nicht am 19.–20. Juli angefangen. Folglich verstehe ich nicht, was das für eine Art von Komplott sein soll«.[35] Auf diese Schlußfolgerung (die Inexistenz eines Komplotts) komme ich später noch zurück. Was aber die Prämisse betrifft, ist zu sagen, daß die Loyalität der Carabinieri sich ein bißchen spät geäußert hat. Fast zwei Jahre mußten vergehen, bis die offizielle Lesart dementiert wurde: nämlich genau in der Sitzung des 20. Februar 1990, dem Tag, an dem Polizeimeister Emilio Rossi das auferlegte Stillschweigen über jene siebzehn Tage der Gespräche brach – vermutlich (wie wir sehen werden) auf Geheiß von oben. Pomarici hat recht, eine vorab getroffene Übereinkunft zwischen den Carabinieri und Marino gab es zu diesem Punkt nicht: in dem Sinn, daß das tatsächliche Datum nicht hätte ans Licht kommen sollen.

»Zwanzig Monate lang haben sie nichts davon gesagt, und dann haben sie alles andere als spontan davon gesprochen, nur weil sie und als sie vor Gericht geladen wurden« schrieb Adriano Sofri in seiner Denkschrift (*Memoria,* s. Anm. 27), die er den Mailänder Richtern zukommen ließ, bevor sie sich in den Beratungsraum zurückzogen.[36] Und warum wurden die Carabinieri geladen?

X   Die unmittelbare Ursache ist in der über einen Monat vorher, am 26. Januar, gemachten Aussage von Don Regolo Vincenzi, Pfarrer von Bocca di Magra, zu sehen, der als Zeuge zu dem Prozeß geladen wurde. Während des Ermittlungsverfahrens hatte Marino gesagt, er habe sich ihm »gleich vor den Weihnachtsfeiertagen von 1987« (*Ermittl.,* S. 27) anvertraut, wenn auch nicht bei der Beichte; und er hatte ihn von der Verschwiegenheitspflicht über jene Zusammenkunft entbunden. Don Vincenzi hatte das in seiner Zeugenaussage (30. Juli 1988) bestätigt. Bei jener Gelegenheit hatte Marino ihm enthüllt, an terroristischen Aktionen teilgenommen zu haben, wobei er seine tiefe Reue vor allem über eine, sehr schwerwiegende, Aktion zum Ausdruck brachte. Außerdem hatte er ihm gesagt, er »werde ständig von einigen Personen in Bocca di Magra gesucht und auch beschattet; unter harten Drohungen verlangten sie, er solle sich wieder in der Unterwelt betätigen«; diesen Personen habe er zur Antwort gegeben, »er sei mit der terroristischen Kriminalität ein für allemal fertig und er wolle nichts mehr davon wissen«. In der Verhandlung bemühte sich der Vorsitzende Minale, mehr zu erfahren; aber ohne großen Erfolg.

Marino zu den Drohungen: »Ich bezog mich nicht auf momentane Drohungen. Das war eine allgemeinere Erörterung über mein Leben … über mein vergangenes Leben … offensichtlich hat der Pfarrer ein bißchen mißverstanden, was ich sagen wollte …« (*Verhandl.*, S. 11).

Wer hatte ihn denn bedroht?

»Das waren Leute, die irgendwie aus alten, gemeinsam durchgemachten politischen Erfahrungen kamen. Es waren Leute, mit denen ich früher zusammen politisch aktiv gewesen war. Die hatten an Streiks, Demonstrationen, Kundgebungen, Gewaltakten usw. teilgenommen. Da war dieser enge Kern, der illegale Aktionen im Auftrag der Organisation durchführte. Von daher waren das Leute, die ich in diesem Zusammenhang wiedererkannte« (*Verhandl.*, S. 16).

Aber noch während der Verhandlung nimmt Marino schließlich alles wieder zurück:

»Als ich mit dem Pfarrer sprach … Als ich von Drohungen sprach, bezog ich mich auf die Drohungen, die ich Jahre vorher bekommen hatte, und offensichtlich hat der Pfarrer das mißverstanden oder …« (*Verhandl.*, S. 51).

Auch Don Vincenzi, der zur Zeugenaussage vor das Mailänder Schwurgericht zitiert wird, scheint im ersten Moment die im Ermittlungsverfahren gemachten Aussagen korrigieren oder gar zurückziehen zu wollen. Das Gespräch mit Marino habe Ende Oktober stattgefunden, nicht zwei Wochen vor Weihnachten; Marino hatte einen ruhigen Eindruck auf ihn gemacht, auch weil er den Sommer über gut verdient gehabt habe. Und die Beschattungen?, fragt der Vorsitzende. Ja, Don Vincenzi erinnert sich, daß Marino ihm eine Andeutung gemacht hatte von »einem Versuch, ihn in andere Sachen hineinzuziehen«; aber von Drohungen oder Beschattungen sei nicht die Rede gewesen. Der Vorsitzende zeigt sich erstaunt, er droht beinahe (»Schauen Sie, Sie sind Zeuge. Von daher ist die Verhaftung im Gerichtssaal zwar nicht mehr vorgesehen, aber …«). Don Vincenzi bestätigt schließlich mit sichtlichem Unbehagen seine bald zwei Jahre zurückliegende Zeugenaussage. Aber der Vorsitzende läßt nicht locker:

»Haben Sie in den Tagen vor der Begegnung mit Marino im Dorf Personen von auswärts gesehen, neue Leute?«

Don Vincenzi: »Ich habe Leute gesehen, die sich im Auto an strategischen Stellen aufhielten. Da ich auf diese Dinge immer ein Auge habe, da es in der Vergangenheit bei uns Diebstähle und so gegeben hat: in meinem Fall nicht, weil ich ein ganz eigenes System habe, und da bin ich also auch eingeschritten und habe versucht, die wegzukriegen, weil sie sich auf einem Gelände aufhielten, das der Pfarrei zur Verfügung steht. Darauf hat der mir einen Dienstausweis der Polizei gezeigt und da habe ich sie dann gelassen...«

Vorsitzender: »Ja, das ist der bekannte Vorfall. Nein, aber ich wollte sagen, im Dorf, da Sie doch Marino von Beschattungen und Verwicklungen reden gehört hatten, hatten Sie...«

Don Vincenzi: »Die Leute hörte ich davon reden, einzelne Personen. Aber das, nachdem die Sachen passiert waren. Daß sie zuvor Personen gesehen hatten, die Tag und Nacht anderen nachgingen, die ankamen, wegfuhren. Also ich,... so, von den Leuten. Ich selber weiß nichts davon. Was ich weiß[37], bezieht sich auf diese Leute in Zivil, die sich dann herausstellten als: Sicherheitskräfte.«

Vorsitzender: »Nein, diese anderen Angaben... Diese Personen haben wann zu Ihnen gesprochen, wann Ihnen diese Dinge berichtet? Nach den Gesprächen mit Marino?«

Don Vincenzi: »Nein, nachdem Marino verhaftet worden war« (*Verhandl.*, S. 787–88).

Die Frage des Vorsitzenden nach den »Leuten von auswärts«, die auf die Klärung der (dann abgestrittenen) dunklen Anspielung Marinos auf die Beschattungen und die Drohungen seitens ungenannter ehemaliger terroristischer Gefährten abzielte, zeitigte ein völlig unvorhergesehenes Ergebnis. Plötzlich tauchten zwei unterschiedliche Gruppen von Beschattern auf, von denen eine (die einzige, mit der Don Vincenzi direkt in Kontakt kam) aus ausweisbestückten Polizeibeamten in Zivil bestand. Als die Verteidigung das Wort erhält, kommt Rechtsanwalt Gentili (Verteidiger Sofris) auf das Thema zurück. Don Vincenzi führt aus, daß er eines Abends, nachdem er als Zeuge vernommen worden war (30. Juli 1988), eine Gruppe junger Leute im Auto gesehen hatte, die wegfuhren, bevor er sich das Kennzeichen notieren konnte. (Es handelte sich offensichtlich um die Gruppe ehemaliger Mitglieder von Lotta Continua, die in jener Zeit eine Art Gegenrecherche vornahmen, die später unter dem Titel *Doloroso mistero* [dt.: Schmerzliches Mysterium] verbreitet wurde.) Demgegenüber hatte sich die Begegnung mit den Leuten, die den Dienstausweis der Polizei vorgezeigt hatten, allerdings »vor der Verhaftung Marinos« zugetragen.

»Vor der Verhaftung Marinos?« wiederholt (vielleicht ungläubig, oder verwundert) Rechtsanwalt Gentili.

Vorsitzender: »Viele Tage vorher? Mehr oder weniger? Das ist aber ein Vorfall...«

Don Vincenzi: »Vielleicht einen Monat vorher. Vierzehn Tage, einen Monat vorher.«

Rechtsanwalt Gentili: »Erinnern Sie sich, welcher Polizeikategorie sie angehörten? Das heißt, ob es Carabinieri waren oder Polizei?« Don Vincenzi: »Carabinieri« (*Verhandl.*, S. 791–92).

XI Wie wir gesehen haben, lautete die Version der Ermittler folgendermaßen: der von Gewissensbissen geplagte Marino meldet sich am 19. Juli 1988 bei den Carabinieri von Ameglia, die ihn nach Mailand bringen; hier beginnt er sein Geständnis und wird in Haft genommen. Zu den Zeugenaussagen der drei Carabinieri, die die nunmehr unbrauchbare offizielle Version von Marinos Reue ersetzen sollen, gibt die unvorhergesehene Enthüllung Don Vincenzis den Anstoß – das liegt auf der Hand.[38] Dieser Zusammenhang wird in der retrospektiven Betrachtung, die der Vorsitzende vor Beendigung des Prozesses anstellt, nicht erwähnt: »... der Umstand kam ans Licht, weil das Gericht den Polizeimeister und den Hauptmann hören wollte: andernfalls hätten wir uns am 19. in den Beratungsraum zurückziehen können« (*Verhandl.*, S. 2155). Damit nicht genug. Dreimal wurde der Vorsitzende mit der Meldung konfrontiert, daß Marino zwei Wochen oder einen Monat vor seiner Verhaftung bereits von den Carabinieri beschattet oder überwacht wurde. Dreimal versuchte der Vorsitzende, das Thema zu wechseln: »Ja, die Sache ist ja bekannt...«; »Nein, diese anderen Angaben...«; »Das ist doch aber ein Vorfall...«.

»Ist bekannt«: Um genau zu sein, war der Umstand zu dem Zeitpunkt offiziell niemandem bekannt. Wir haben aber gesehen, daß Pomarici, wie er selbst einräumt, über das Datum des tatsächlichen Beginns der Kontakte zwischen Marino und den Carabinieri auf dem laufenden war – auch wenn er zunächst das Gegenteil sagte. Und der Vorsitzende Minale? Daß er es erst kurz darauf, mitten in der Verhandlung, aus dem Mund von Polizeimeister Emilio Rossi erfahren haben soll, scheint ziemlich unwahrscheinlich. Der schnelle Schlagabtausch, der die Sitzung des 20. Februar einleitet (Vorsitzender: »Ist Marino irgendwann einmal zu Ihnen gekommen, um Sie um ein Eingreifen zu bitten oder um sich an andere verweisen zu lassen?« Rossi: »Ja.« Vorsitzender: »Wann ist er gekommen?« Rossi: »Genau am 2. Juli '88 ist er zu mir gekommen.« Vorsitzender: »Demnach also nicht am 20. Juli... nicht am 19. Juli.« Rossi: »2. Juli '88...«), sieht ganz so aus, als sei er für das ahnungslose Publikum bestimmt. Beim Lesen der Prozeßakten gewinnt man aus nachträglicher Sicht den Eindruck, der zeitliche Ablauf (und die Modalitäten) von Marinos »Reuebekenntnis« seien von Beginn der mündlichen Verhandlung an von einem Schleier der Peinlichkeit umgeben. Der erste Verhandlungstag (9. Januar 1990) fängt nach den üblichen verfahrensrechtlichen Wortgefechten der Anwälte so an:

Vorsitzender: »Sie [Marino], Sie wurden mehrfach zunächst von den Carabinieri und dann vom Staatsanwalt und dann vom Ermittlungsrichter vernommen. Sie haben auch an Gegenüberstellungen teilgenommen. Bestätigen Sie Ihre Aussagen? Haben Sie zur Eröffnung etwas klarzustellen oder abzuändern?«

Marino: »Ich bestätige die Modalitäten und die Zeiten der Verhöre und bestätige alles, was ich während der Verhöre erklärt habe.«

(Die Frage war eine Routinefrage; Marino hat es nicht gemerkt und hat zuviel gesagt.)

Vorsizender: »Modalitäten und Zeiten der Verhöre, was heißt das?... hat das eine besondere Bedeutung?«

Marino: »Ach, mir kam vor, da wolle jemand etwas wegen meiner Vernehmungen einwenden...«

Vorsitzender: »Das tut hier nichts zur Sache. Die Vernehmungen wurden... mit dem Datum der Protokolle abgenommen, und somit können Sie eigentlich nur die bestätigen« (*Verhandl.*, S. 7).

Auf den ersten Blick sieht das wie eine selbstverständliche Feststellung aus: das wird sie weniger, wenn man sich die nichtprotokollierten nächtlichen Gespräche Marinos in den Kasernen der Carabinieri von Ameglia und von Sarzana vor Augen hält. Dies muß im Rückblick auch dem Vorsitzenden Minale so erschienen sein, der gegen Ende des Prozesses auf diesen Wortwechsel zurückkam und ihn im Gerichtssaal vorlas und kommentierte. Nachdem er an die eigene Verblüffung angesichts des von Marino verwendeten Ausdrucks erinnert hatte (»Modalitäten und Zeiten der Vernehmungen«), kommentierte der Vorsitzende: »Und ich, der ich von den Ereignissen dieses Monats keine Ahnung hatte...« (*Verhandl.*, S. 2174). An dieser Ahnungslosigkeit darf gezweifelt werden. Der Grund dafür ist sehr einfach.

Eine von der offiziellen abweichende Chronologie der sogenannten Reuegeschichte Marinos war – möglicherweise unwillentlich – am 28. Juli 1988 vom Oberst der Carabinieri Lorenzo Nobili in der Pressekonferenz präsentiert worden, die sofort nach der Verhaftung der (angeblich) Verantwortlichen für die Ermordung Calabresis abgehalten wurde. Bei der Gelegenheit wurde der nicht namentlich genannte Marino (wie der Niederschrift der Tonbandaufzeichnung zu entnehmen ist, die der Vorsitzende Minale im Gerichtssaal zu Gehör brachte) folgendermaßen beschrieben:

»Bereits seit 1969 war er Mitglied von Lotta Continua. Nach Jahren inneren Widerstreits und langer Überlegung hat er vor den Beamten der Gerichtspolizei der Einsatzzentrale der Carabinieri von Mailand den Wunsch geäußert, sein Gewissen von einer Last zu befreien, die er seit Jahren mit sich herumtrug.«

»Wann war das?« hatte ein nicht identifizierter Journalist gefragt.

»Vor zwei Monaten«, hatte eine nicht identifizierte Stimme geantwortet.

Nobili: »Das kann ich Ihnen nicht sagen, da das eine Sache ist, die der Untersuchungsrichter weiß.«

»Herr Oberst, das müßten Sie wissen: zwei Monate? einen Monat?« hatte ein anderer Journalist nachgehakt.

Nobili: »Ja, vor ein paar Monaten. Vor ein paar Monaten. Vor ein paar Monaten« (*Verhandl.*, S. 2130).

Dieser Satz, der am 28. Juli fiel, mußte sich auf ein Datum beziehen, das nicht nur um Längen vor dem von den Ermittlern bald darauf in Umlauf gesetzten lag (19. Juli), sondern auch vor dem, das dann während der Verhandlung auftauchte (2. Juli). Ein Versehen von Oberst Nobili, der gerade der ungewöhnlichen Aufgabe nachkam, die Ergebnisse einer Ermittlung zu rekapitulieren, die andere leiteten – in diesem Fall die Richter Lombardi und Pomarici? Die Hypothese eines Versehens scheint wenig plausibel. Hören wir uns noch an, wie Nobili den Werdegang von Marinos Reue beschreibt:

»Das ist ein Junge, der Momente der Niedergeschlagenheit erlebt hat, weshalb er, glaube ich, wie ich meine, auch zu einem Priester gegangen ist, um die Beichte abzulegen, und dann [...] ist er mit einem Vertreter der Carabinieri in Kontakt getreten, der diesen sehr behutsamen, sehr korrekten, sich lange hinziehenden Dialog aufgenommen hat...« (*Verhandl.*, S. 2133–34).

»Sich lange hinziehenden«: ein Ausdruck, der sich gewiß nicht auf ein Gespräch von der Dauer eines Tages beziehen kann (Version der Ermittler), aber vielleicht auch für einen vom 2. bis zum 20. Juli sich hinziehenden Dialog wenig angemessen ist (Version Rossi-Meo-Bonaventura). Natürlich könnte in Oberst Nobilis Worten das Hochgefühl eines Siegesberichts mitschwingen. Aber seit wann beschäftigten sich die Carabinieri denn mit Marino?

XII   Wir wissen es nicht. Wir wissen aber, daß Marino über weite Strecken des Prozesses hin eine Menge Lügen über sein Bereuen erzählt hat. In der Ermittlung hatte er gesagt, er habe mit dem Wachtmeister der Carabinieri von Ameglia gesprochen. Am 12. Januar fragt Rechtsanwalt Pecorella (einer der Verteidiger von Bompressi):

»Also, der Polizeimeister von Ameglia, mit dem Sie sprachen, kannten Sie den bereits? Hatten Sie bereits früher Kontakt mit ihm gehabt? Und vor allen Dingen, falls nicht, können Sie uns sagen, wie er heißt?«

Vorsitzender: »Für ihn ist er der Wachtmeister von Ameglia.« (Man muß sich vor Augen halten, daß der Prozeß nach der alten Prozeßordnung verläuft: Der Vorsitzende wirkt als Filter zwischen Anwälten und Angeklagten oder zwischen Anwälten und Zeugen. Hier aber beschränkt sich der Vorsitzende nicht darauf, die Marino gestellte Frage neu zu formulieren: er spricht in seinem Namen. Der nachfolgende Dialog zeigt, daß es sich nicht um ein einmaliges Versehen handelt:)

Anwalt Pecorella: »Ja, kann sein, daß er ihn kennengelernt hat... Ameglia ist nicht sehr groß, von daher...«

Vorsitzender: »Sprechen Sie!«

Marino: »Den Polizeimeister von Ameglia kannte ich vorher als... Ich hatte ihn manchmal gesehen, aber nicht... Meine Beziehungen zu ihm... Also, da gab es überhaupt keine Beziehung. In dem Sinn, daß die einzigen Beziehungen von der Art waren, naja... Wenn ich ein Bußgeld zu bezahlen hatte, ging ich hin, um es zu zahlen.[39] Aber nicht...«

Anwalt Pecorella: »Und den Familiennamen, kannten Sie den?«

Marino: »Nein. Den habe ich nachher erfahren... Er heißt Rossi.«

Anwalt Pecorella: »Ist Ihnen bekannt... ob er etwa telefonierte oder sonstwie, daß für Ihre Überführung nach Mailand auch das Korpskommando von La Spezia gehört wurde? Oder wurden Sie sofort nach Mailand gebracht?«

Marino: »Aber, fragen Sie das mich?«

Anwalt Pecorella: »Ja, falls Sie es wissen. Falls Sie das Telefongespräch mitgehört haben...?«

Marino: »Nein, ich weiß es nicht.«

Anwalt Pecorella: »Aber das wissen Sie bestimmt. Nämlich, wo schliefen Sie in der Nacht vom 20. auf den 21. Juli?«

Vorsitzender: »Danach haben wir ihn schon gefragt, nach diesen Schritten. Sie gingen zum Polizeimeister und der Polizeimeister verwies Sie an den Hauptmann von Sarzana. Sie sagten: »Ich will reden, und Sie wurden nach Mailand gebracht.«

Marino: »Ich habe die Frage nicht richtig verstanden.«

Vorsitzender: »Als Sie in Sarzana waren und zum Hauptmann sagten: »Ich will über einen Vorfall berichten, der sich in Mailand zugetragen hat. Ich will mit dem Oberstaatsanwalt von Mailand sprechen«, wann war das? Am Nachmittag... am Abend...«

Marino: »Das war am Abend.«

Vorsitzender: »Also, wurden Sie dann gleich nach Mailand gebracht oder haben Sie dort in der Kaserne geschlafen...? Sind Sie wieder nach Hause?«

Marino: »Nein, nein. Er hat mich wieder nach Hause geschickt.«

Vorsitzender: »Und dann, was passierte dann?«

Marino: »Er hat mir einen Termin für den nächsten Tag gegeben. Mich wiedereinzufinden, und dann haben sie mich nach Mailand gebracht.«

Vorsitzender: »Tags darauf in Sarzana?«

Marino: »Ja.«

Anwalt Pecorella: »Das ist dann der 20. Am 20. kommen sie nach Mailand. Ich fragte nach der Nacht vom 20. auf den 21. in Mailand.«

Vorsitzender: »20. und 21. Und dann nach der Ankunft in Mailand? Sie kamen in Mailand an, fuhren zu den Carabinieri in Mailand. Sie wurden angehört. Dann, als Sie mit dem Protokoll fertig waren, wo haben Sie dann geschlafen? Am Abend, da Sie nun mal in Mailand waren? Es ist 17.00 Uhr... Die Nacht vom 20. auf den 21., als Sie von den Carabinieri angehört wurden, bevor Sie vom Staatsanwalt gehört wurden. Haben Sie geschlafen? Wo haben Sie sich aufgehalten? Marino... Wir hören dann ohnehin die Protokollführer... Das ist kein Problem.«

Marino: »Ich bin zurück nach... ich bin zurück nach Hause. Ich kann mich jetzt nicht mehr genau erinnern.«

Vorsitzender: »Sie sind zurück nach Hause und dann am nächsten Morgen? Sind Sie wieder nach Mailand gekommen?«

Marino: »Als ich... Ja, offensichtlich ja.«

Vorsitzender: »Nach Mailand sind Sie dann auf eigene Faust gekommen?«

Marino: »Wann?«

Vorsitzender: »Am nächsten Tag. Als Sie vom Staatsanwalt gehört wurden.«

Marino: »Nein, ich wurde immer von den Carabinieri hin- und hergebracht. Auch als ich dann am 25. kam. Die haben mich immer gefahren.«

Vorsitzender: »Folglich sind Sie am Abend des 20. in Begleitung der Carabinieri nach Hause zurück und dann wurden Sie am Morgen wieder abgeholt?«

Marino: »Ja. Ich glaube ja. Jetzt... Denn jedesmal wenn ich hin- und herfuhr, haben mich stets die Carabinieri gefahren.«

Vorsitzender: »Demnach kehrten Sie auch nach dem 21. manchmal nach Hause zurück, und dann fuhren Sie wieder nach Mailand?«

Marino: »Ja, ich bin zwei- oder dreimal hin- und hergefahren. Jetzt genau... ich kann mich nicht genau an die Tage erinnern.« (*Verhandl.*, S. 227–29).

Marino weiß nicht, erinnert sich nicht, gerät durcheinander auch bei dem Anschein nach harmlosen Fragen wie jener nach dem Polizeimeister der Carabinieri von Ameglia (den Marino dem Anschein nach gut kannte[40]). Der Vorsitzende möchte anscheinend die Antworten Marinos vorwegnehmen, der in einem Fall gleich mitzieht, sichtlich verstört (»Ich habe die Frage nicht ganz verstanden«). Im nachhinein fällt es leicht, die unterschwelligen Spannungen zu spüren, die die Oberfläche des Dialogs in Falten werfen. Die Frage von Anwalt Pecorella hatte ein vermintes Gelände gestreift, das vom Schleier des Geheimnisses hätte umhüllt bleiben sollen: die nicht protokollierten Gespräche zwischen Marino und den Carabinieri. Marino wird nervös; auf eine neuerliche Frage von Anwalt Pecorella hin platzt er heraus (»Ach reden wir doch keinen Quatsch!«). Gleich darauf verlangt er eine Pause. Der Transkribent »weist darauf hin, daß beim Abhören des Tonbands in diesem ganzen letzten Teil der Vernehmung Marinos eine partielle Verzerrung der Stimme (Stottern, kurze Unterbrechungen usw.) zu vernehmen ist, und ein ständiges Trommeln mit den Fingern« (S. 235). Als die Richter den Saal wieder betreten, erklärt Marino, er habe Kopfschmerzen. Die Vernehmung wird ausgesetzt. Es ist Freitag, die Sitzung wird auf den darauffolgenden Montag vertagt.

XIII   Auch aus der einfachen Lektüre der Protokolle läßt sich erkennen, daß Marino am Ende der Verhandlung vom 12. Januar ein geschlagener Boxer ist, den der Gong vor dem Zusammenbruch rettet. Es ist eine wahrscheinlich unvorhergesehene Situation, zu der zwei Wochen später die ebenfalls unvorhergesehene Zeugenaussage von Don Regolo Vincenzi hinzukommt. Ungewöhnliche Situationen erfordern ungewöhnliche Maßnahmen. Lieber das Ermittlungsverfahren opfern, als den Prozeß zu verlieren. Und ohne Zweifel versetzten die in hierarchisch ansteigender Folge gemachten Zeugenaussagen der drei Carabinieri dem Ermittlungsverfahren einen – auf den ersten Blick – tödlichen Stoß. Bei genauerem Hinsehen aber führten sie letztlich genau zu dem entgegengesetzten Resultat. Durch die Wiederherstellung der Wahrheit mit der Miene dessen, der keine Rücksichten kennt – nicht einmal gegenüber Richter Lombardi oder

Staatsanwalt Pomarici – pflichteten die Carabinieri faktisch den Schlußfolgerungen des einen wie des anderen bei; durch den Hinweis auf Marinos Lüge zu einem bestimmten (wenn auch wichtigen) Punkt bekräftigten sie insgesamt die Glaubhaftigkeit seiner Geständnisse. Man braucht sich nur anzusehen, wie die drei Carabinieri mit unterschiedlicher Akzentsetzung dem Mailänder Gericht und der öffentlichen Meinung das zentrale Thema der Ermittlung – Marinos Reue – wieder auftischten, das der Vorsitzende Minale anfänglich mitgeholfen hatte auseinanderzunehmen.[41]

Polizeimeister Emilio Rossi hatte Marinos verwirrten Zustand bemerkt:

»... in diesem kurzen Bericht, den er gab, bemerkte ich, daß er – ich weiß nicht – sich umdrehte und schaute, vielleicht als ob da jemand wäre, der ihn beobachtete: also, der war nicht ruhig, das heißt er war aufgewühlt, und ich sah, daß er schwitzte und er rauchte [...] ich sah, daß er bestimmt besorgt war, also an einem Menschen erkennt man ... von der Art, wie er sich bewegt, also ein Mensch, der schwitzt, während er spricht und sich umsieht ... Also, ich sah, daß es da wirklich Probleme gab ...« (*Verhandl.*, S. 1583).

Hauptmann Maurizio Meo waren, abgesehen von der Verstörung, die Gewissensbisse aufgefallen:

»Er sagte zu mir: ›Sie wundern sich, weil ich Ihnen jetzt hier Sachen von vor zwanzig Jahren erzähle; ich, der ich jetzt noch dazu ein normales Leben führe, ein ruhiges Leben, ich habe eine Frau und habe Kinder, ich habe meine Arbeit, und sagen wir, ich bin jetzt hier heimisch geworden ... Aber, wissen Sie, ich muß mit meinem Gewissen im reinen sein, ich muß meinen Kindern ins Gesicht schauen können, auch wenn sie darunter leiden werden, ich muß sprechen und muß meinen Kindern ins Gesicht schauen‹, und das war ein Thema, auf das er immer wieder zurückkam. Abgesehen davon war er sehr aufgewühlt, weil er sehr nervös war, er hielt die Hände sehr unruhig und rauchte ununterbrochen. Ich kann mich nicht erinnern, ob er in kalten Schweiß gebadet war ... [*Anmerkung des Transkribenten: undeutliche Worte*] (in dem Sinn, daß ihm die Tropfen runterliefen) oder ob er weinte: jedenfalls hatte er Probleme und, naja, er war sehr aufgewühlt und sehr ratlos« (Hauptmann Maurizio Meo, *Verhandl.*, S. 1599; siehe auch S. 1607 und 1609).

Auf die Gewissensbisse geht – etwas flüchtiger – auch Oberst Umberto Bonaventura ein:

»... Und am Ende [des ersten Gesprächs] war ich nicht gerade zufrieden, weil ich nicht gerade viel herausgeholt hatte. Der Vorfall, sagt er, ja ... ich habe schwere Gewissensbisse, dann ist es das, dann ist es jenes. Nein, überhaupt nicht. Aber, sehen Sie, ich denke man braucht einfach etwas Geduld, wenn vielleicht... Und beim zweiten Mal fand ich ihn... da hat er mich auch gleich angelächelt. Jetzt versuche ich mich angestrengt zu erinnern. Er hat mich lächelnd begrüßt, und da sage ich also: ›Na, dann sind Sie also ruhiger, Sie vertrauen mir. Wir können reden, wir können fahren...‹ Und er sagte zu mir: ›Ja, denn wissen Sie...‹ Er fängt mit der Geschichte der Kinder an, daß für ihn die Sache mit den Kindern extrem wichtig war, die Überlegung, sich jetzt zu stellen, da sie groß sind, weil... und er fing an, ein wenig – sagen wir – ins Detail zu gehen und erzählte ein bißchen von den Aktivitäten von Lotta Continua, von der Besetzung... von der Sache... Nun, genau gesagt, sagen wir von der Sache, daß er an der Demonstration im Fiat-Werk teilgenommen hatte, die ein bißchen der Bezugspunkt für die Fiat-Arbeiter jener Zeit war; daß er die Namen... die Kinder waren geboren, und er hatte ihnen die Namen von Adriano Sofri und den Namen von Pietrostefani gegeben« (*Verhandl.*, S. 1695, 1697).

›Ein bißchen ins Detail gehen‹, ›nun genau gesagt, sagen wir‹: woraufhin ein anerkannter Experte in Sachen Terrorismusbekämpfung wie Bonaventura dem Gericht Ungefähres, Tautologien, Ungenauigkeiten[42] auftischt. Macht nichts. Worauf es ankommt, ist, in glaubwürdiger Weise den Grundpfeiler der Ermittlung zu stützen: die Aufrichtigkeit der Reue und folglich der Geständnisse Marinos, in denen Ermittlungsrichter Antonio Lombardi, wie wir gesehen hatten, »die vorrangige Beweisquelle in diesem Prozeß« ausgemacht hatte.

XIV   Richter Lombardi sagte nicht (auch wenn er es wahrscheinlich wußte), daß dieser Prozeß weitestgehend auf den Geständnissen eines Reuigen beruhte, der wenigstens siebzehn Tage lang mit den Carabinieri informelle (und somit nicht protokollierte) nächtliche Gespräche unterhalten hatte. Wir haben gesehen, daß diese Gespräche den Absichten der Gerichtsbehörde nach geheimgehalten werden sollten. Die verspätete, von Pomarici belobigte Loyalität von Polizeimeister Rossi und seiner Vorgesetzten reicht nicht aus, um den Zweifel zu zerstreuen, ihre Enthüllungen seien im rechten Moment gekommen, um einen Prozeß wieder ins Lot zu rücken, der eine unbeabsichtigte Wende genommen hatte. Die Frage, die der Vorsitzende Minale Marino vor Abschluß des Prozesses stellt – warum er über den Beginn seiner Treffen mit den Carabinieri gelogen habe (*Verhandl.*, S. 2155–56) –, hätte an die Carabinieri und an die Ermittler gehen müssen. Was gab es an den (wer weiß wie lange) sich hinziehenden Begegnungen zwischen Marino und den Carabinieri-Offizieren zu verbergen? Diese Frage zieht unmittelbar eine zweite nach sich: haben wir es mit einem manipulierten Prozeß, mit einem Komplott zu tun?

Während des Prozesses stellten zwei Mailänder Tageszeitungen (›Il Giornale‹ und ›Corriere della Sera‹) aus Gründen, die wir gleich sehen werden, die Frage, ob hinter der Ermittlung gegen Sofri und seine Mitangeklagten nicht ein kommunistisches Komplott stecke. In einer Erklärung an die Presse wies Sofri am 27. Januar 1990 »die These vom Komplott von KPI, der Carabinieri oder anderer als lächerlich« zurück und fügte hinzu: »Von einem Komplott der Kommunisten habe ich weder gesprochen, noch habe ich daran gedacht, und zwar aus zweierlei Gründen: einmal aus Gründen der Methode, da das Beschwören von Komplotten ein bequemer und verhängnisvoll paranoider Weg ist; und zum anderen aus faktischen Gründen, da ich überzeugt bin, daß das Gericht, das mir da vorgesetzt wird, aus einer einfachen Küche stammt, und zwar aus der des Ehepaars Marino.«[43] Zwei sehr klare Aussagen, die jede für sich zu diskutieren sind.

Ich fange mit der Frage der Methode[44] an. Darin scheint mir eine selbstkritische Anmerkung enthalten. Das von Lotta Continua theoretisierte Vertrauen in die Initiative der Massen implizierte eine beständige Polemik gegen die terroristischen Schleichwege: Es schloß aber, vor allem Ende der 60er, Anfang der 70er Jahre keineswegs eine Tendenz aus, Bereichen des Staatsapparats tatsächliche oder vermeintliche Komplotte zuzuschreiben. Wenn ich sage »tatsächliche oder vermeintliche«, so deute ich die Wurzel meiner Meinungsverschiedenheit mit Sofri bereits an, einer der vielen, die bis zum heutigen Tag unsere Freundschaft speisten (auch wenn in diesem Fall die Meinungsverschiedenheit mehr die Form betrifft als die Substanz). In Italien wird der Begriff ›Komplott‹ seit zirka einem Jahrzehnt in vorwiegend negativen Zusammenhängen verwendet: fast immer ist von einem Komplott die Rede, um zu versichern, daß es nicht existiert oder daß es nur in der ausschweifenden Phantasie der »Dietrologien« existiert (einem Begriff neuerer Prägung mit noch deutlicher negativen Konnotationen). Nun, es besteht kein Zweifel, daß über Komplotte und »Dietrologien« zu allen Zeiten und überall eine Menge Unsinn geschrieben worden ist, manchmal mit verhängnisvollen Folgen. Dennoch kann man nicht abstreiten, daß es Komplotte gibt. Um sie zu schmieden und aufzudecken, haben die modernen Staaten eigene Institutionen eingerichtet (die Geheimdienste). Bekanntlich wird aber unter Leuten, die nicht als naiv gelten wollen, über Geheimdienste im allgemeinen in einem Ton belustigter Herablassung gesprochen: ein wahrhaft merkwürdiges Verhalten, wo wir doch in einer Welt leben, die bis gestern noch von zwei Supermächten beherrscht war, die vom ehemaligen Direktor des CIA beziehungsweise vom Favoriten des verstorbenen Leiters des KGB angeführt wurden. Die Historiker der Zeitgeschichte täten gut daran, sich zu fragen, ob diese Koinzidenz nicht ein neues Phänomen anzeigt: eine spezielle, verhältnismäßig autonome Rolle, die von den Geheimdiensten auf internationaler Ebene in wachsendem Maße wahrgenommen wird. Wahrscheinlich ist diese letzte These nicht auf Italien anzuwenden. Das verworrene und blutige Spiel, bestehend aus Massakern, verlegten Spuren, *dossiers,* Erpressungen, das seit über zwanzig Jahren in Italien getrieben wird, scheint fest in der Hand politischer Kräfte zu sein, die sich der Geheimdienste bedienen (und der in ihrem Inneren verfeindeten Faktionen): nicht umgekehrt. Aber ein Historiker, der versuchte, diesen Sachverhalt zu entziffern und dabei vorab auf jedwedes »dietrologische« Herangehen verzichten wollte, käme nicht weit – wenn unter »Dietrologie« ein nüchterner interpretatorischer Argwohn zu verstehen ist, der sich nicht damit begnügt, an der Oberfläche der Ereignisse oder der Texte zu verharren. Beispielsweise wäre es naiv, die Protokolle der Verhöre Aldo Moros durch die Roten Brigaden zu lesen, ohne nach den Umständen ihrer Wiederauffindung im sogenannten Schlupfwinkel von Via Montenevoso seitens der Carabinieri von General Dalla Chiesa zu fragen, zu denen sich sofort Staatsanwalt Ferdinando Pomarici hinzugesellte (sieh an, wen man da wieder trifft).[45] Es handelt sich um ein nicht zufälliges Beispiel: auch weil es mir relevant erscheint (eine Bemerkung, die manchen dietrologisch vorkommen wird), daß der Begriff »Dietrologie« in vorwiegend ironischer Bedeutung bald nach der Entführung und Ermordung Aldo Moros in Gebrauch kam: einer von vielschichtigen, echten und falschen Komplotten umgebenen Affäre.[46] Ich unterstreiche den Plural– »Komplotte« –, der dazu beiträgt, das simplifikatorische Risiko zu korrigieren, dem der Gebrauch dieses Begriffes ausgesetzt ist. Ein Komplott tendiert fast immer dazu, andere nach sich zu ziehen: echte Komplotte, die versuchen, es zu hegemonisieren, fiktive Komplotte, die es zu verschleiern trachten, Komplotte gegensätzlicher Natur, die es zu bekämpfen suchen.[47] Viel wichtiger aber ist der Umstand, daß jede zweckbestimmte Aktion – und folglich erst recht jedes Komplott, das als Aktion besonders ungewisse Ziele verfolgt – einem System heterogener und nicht vorhersehbarer Kräfte ausgesetzt ist. Innerhalb dieses komplexen Netzwerks von Aktionen und Reaktionen, die nicht leicht zu manipulierende soziale Prozesse miteinbeziehen, ist die Heterogonie der Zwecke gegenüber den ursprünglichen Absichten der Regelfall. Wer sich diesen wesentlichen Sachverhalt nicht vor Augen hält, verwechselt die Absichten mit den Fakten und die (womöglich grotesk anmaßenden) Proklamationen mit den Ereignissen und verfällt in extreme Formen gerichtlicher Historiographie.[48]

Kehren wir nun zurück zum zweiten, nicht methodischen, sondern faktischen Grund, den Sofri in seiner Erklärung erwähnt: daß nämlich der ganzen Angelegenheit die Lügen des Leonardo Marino und seiner Frau, der Astrologin Antonia Bistolfi zugrunde liegen. Mir scheint, diese etwas überstürzte Behauptung sollte in dem Moment vor allem die Bestrebungen abwehren, den Prozeß unmittelbar politisch (gegen die Kommunisten) auszuschlachten. Die von Sofri verfaßte und am Ende der mündlichen Verhandlung den Mailänder Richtern ausgehändigte Denkschrift zu seiner Verteidigung legte eine komplexere Hypothese nahe, indem sie auf die unterschiedlichen Formen verwies, die die Initiativen des Paares Marino-Bistolfi nach und nach angenommen hatten.[49] Versuchen wir, sie in chronologischer Reihenfolge darzulegen, wobei wir ihnen einen raschen Hinweis auf eine Angelegenheit voranstellen wollen, die möglicherweise nicht ganz ohne Verbindung zu diesem Fall ist. 1980 hatten Leonardo Marino und Antonia Bistolfi mit einem Ehepaar Freundschaft geschlossen, Luisa Castiglioni und Hans Deichmann, das ihnen drei Jahre später in ihrem Haus in Bocca di Magra Unterkunft gewährte. In der Folge hatten sich die Beziehungen verschlechtert; Marino (der sich mit seiner Frau verpflichtet hatte, das Haus zu hüten und sich um den Garten zu kümmern) hatte einen arbeitsrechtlichen Prozeß gegen Deichmann angestrengt. Es ergab sich, daß Deichmanns Sohn Matthias, vormals Aktivist einer linksextremistischen Gruppe, 1972 in einem in der Wochenzeitung ›Epoca‹ erschienenen Artikel als Mörder Calabresis bezeichnet wurde. Der Artikel enthielt Einzelheiten (etwa die eines fehlgeschlagenen Versuchs der Attentäter), die später als vertraulich dargestellt wurden. Ein wahrhaft merkwürdiger Zufall, der aber bei dem Vorsitzenden Minale nicht das geringste Interesse hervorrief. Hans Deichmanns Vernehmung im Gerichtssaal wurde in sehr bürokratischer Manier abgewickelt (*Verhandl.*, S. 1891–1896). Die Eventualität, daß Deichmann Marino über einen Vorfall berichtet haben könnte, der ihn über Jahre hinweg in beängstigender Weise in Mitleidenschaft gezogen hatte, wurde kaum gestreift.

Doch kommen wir zu den Initiativen des Paares Marino-Bistolfi.

1. Zu Beginn des Sommers 1987 hält Antonia Bistolfi auf Einladung des Kulturdezernenten von Sarzana im Gemeindehaus einen Vortrag über Astrologie. Sie sagt, sie habe bei dieser Gelegenheit Ovidio Bompressi getroffen, der auf der Suche nach Graphiken für die Vorbereitung einer Zeitschrift über Sarzana war. (In Wirklichkeit stimmen die Zeitangaben nicht, wie der Verteidiger von Bompressi zu bedenken

gab: von der Zeitschrift, »Costa Ovest«, erschienen nur zwei Nummern im Sommer 1986 [*Verhandl.*, S 889–901.)] Anna Bistolfi fällt etwas Vertrauliches wieder ein, das ihr fünfzehn Jahre vorher durch eine Freundin zu Ohren gekommen war, Laura Vigliardi Paravia, in deren Wohnung in Turin sie zu Gast war. Also geht sie zu einem Anwalt in La Spezia, Zolezzi, und sagt diesem, sie fürchte um ihr Leben: sie vertraut ihm an, »daß… Laura Vigliardi Paravia [ihr gesagt hatte], der der auf Calabresi geschossen hatte, war dieser Herr, den ich immer Enrico genannt hatte und von dem ich genau wußte, daß er Ovidio Bompressi hieß, wo ich dann ja nicht wußte…« (29. Januar 1990; (*Verhandl.*, S. 825). Im Laufe derselben Aussage fügt Bistolfi weitere Einzelheiten zu jenem Tag vor 15 Jahren hinzu: sie war mit Laura in der Küche, während Bompressi sich in einem anderen Zimmer aufhielt,

»und sie [Laura] war sehr… na, wie soll ich sagen? aufgeregt, ich wüßte nicht wie ich das anders nennen sollte, so, und sie sagte zu mir: ›He… Aber das ist er doch!‹, aber ich habe nicht einmal verstanden, was sie da sagte. Ich verstand nicht, und sie hat diese Zeitung auf den Tisch geknallt, so zusammengefaltet, wo dieses Identikit war, das bis zu der Minute noch nie einen besonderen Eindruck auf mich gemacht hatte, so, und ich hatte ihn nicht einmal… Sie sagte mir: ›Ja, siehst du denn nicht, daß er das ist?‹, ich sah ihn an, und das einzige, was ich bemerkte… daß er diese ein wenig helleren Haare hatte, aber das blieb alles eine Art Schleier, und dieses Gerede, weil es mir als eine derart außer der Welt liegende Sache erschien, daß ich sagte: ›Ach was…‹, und dieses Gespräch war damit beendet und wurde nie wieder in keiner Weise und in keiner Form wieder aufgenommen« (29. Januar 1990; *Verhandl.*, S. 831).

Wir werden gleich sehen, welches die wahrhaft verblüffenden Ursprünge und Implikationen der Andeutung von den »etwas helleren Haaren« sind. Hier geht es um die Feststellung, daß Anna Bistolfi trotz der Einwände des Vorsitzenden keinerlei Unterschied zwischen dieser Darstellung feststellen kann und jener, die sie laut vorheriger Version Rechtsanwalt Zolezzi geliefert hatte (»der, der auf Calabresi geschossen hatte« usw.). Warum hatte sie sich aber entschlossen, zum Anwalt zu gehen? Schließlich war sie Bompressi mehrmals begegnet, auch in letzter Zeit. Dem Vorsitzenden, der sie bittet, das »genaue Gefühl« zu erläutern, das sie ihrem Bericht nach dazu gebracht hatte, zum Anwalt zu gehen, gibt Bistolfi zur Antwort:

»Ja, diese unglaubliche Unruhe kommt *zum einen* daher, zu sehen, daß da keine Möglichkeit war zu leben, und ich wußte nicht, was tun, um meine Familie durchzubringen; dieser Herr, der da rauskommt wie aus einer anderen… in meinem Kopf, aus einem anderen Zusammenhang, der nicht die Gemeinde ist oder eine Zeitschrift oder die Graphiken; ich wußte nichts davon, und ich habe es auch nie erfahren, was er für eine Arbeit macht; und der ist nun da, in der Gemeinde, und dann geht er runter, und dann geht er rauf, usw.; auf alle Fälle, ich habe das allgemein in der Ermittlung gesagt: ich habe es dem Richter Lombardi gesagt, weil auch er zu verstehen suchte… ich sagte ihm: ›Ich ging zu Anwalt Zolezzi, weil ich mich nicht gerade von Freunden umgeben fühlte‹, und das ist die Sache, die am meisten dem Gemütszustand nahekommt, in dem ich war, und so hatte ich das Gefühl, in einer beunruhigenden Situation zu stecken; und, da ich mit den Nerven fertig war, weil ich nicht wußte, was tun, um meinen Kindern was zu essen zu geben, und da logischerweise unter dieser ganzen Sache da diese vertrauliche Eröffnung war, die Laura Buffo mir gemacht hatte, und die ich verdrängt und wer weiß wohin gesteckt hatte, zu Hause, in irgendeine Tasche, so…« (*Verhandl.*, S. 821).

Rechtsanwalt Zolezzi, der als Zeuge geladen wird (25. Januar 1990), bestätigt diesen Wirrwarr nur zum Teil. Die Bistolfi hatte ihm lediglich erzählt, eine Frau in Turin habe ihr vor längerer Zeit vertraulich von einer besonders schlimmen Tat berichtet. Ihre Erzählung war konfus und aufgeregt gewesen (Zolezzi bereut es nachträglich, sie nicht ernst genommen zu haben); auf jeden Fall hatte sie nicht Calabresi genannt (*Verhandl.*, S. 760 ff.).

2. Ende September beziehungsweise Anfang Oktober 1987 (das Datum wurde später in »Ende Oktober« abgeändert; im Untersuchungsverfahren hatte er von »einem Tag vor den Weihnachtsfeiertagen« gesprochen) war der Pfarrer von Bocca di Magra, Don Regolo Vincenzi, von Marino aufgesucht worden. Wie bereits gesagt, hatte dieser ihm erzählt, in »sehr schwerwiegende und in verbrecherische Aktionen« terroristischer Art verwickelt gewesen zu sein; er hatte auch »Gewaltakte«, darunter einen »äußerst schwerwiegenden«, angedeutet (26. Januar 1990; *Verhandl.*, S. 772 ff.), ohne jedoch Namen zu nennen.

3. Etwa zwei Monate bevor er sich stellte (also mehr oder weniger im Mai 1988), hatte Marino sich an einen Politiker seiner Partei gewandt: den ehemaligen kommunistischen Senator Flavio Bertone, Vizebürgermeister von Sarzana. In der Verhandlung sprach Marino zunächst vage von einer »öffentlichen Person«, an die er sich gewandt hatte, um über den »politischen« Aspekt des Mordes zu sprechen; später kam der Name Bertones heraus. Am 26. Januar 1990 erscheint er widerwillig und wortkarg zur Zeugenaussage. Er erinnert sich nicht an das genaue Datum der Zusammenkunft mit Marino (er hat keinen Terminkalender); niemand hatte ihn ihm vorgestellt (er empfängt ohne vorherige Absprache). Er sagt, Marino habe ihm anver-

traut, er habe an der Ermordung Calabresis teilgenommen, »wozu *ihm* der Auftrag von der Untergrundorganisation von Lotta Continua und im besonderen von Sofri erteilt worden sei«; daß er über Sofri »mit Bitternis« gesprochen habe; daß er auch den Namen Pietrostefani genannt habe (ein Umstand, den er, Bertone, momentan vergessen habe), aber bestimmt nicht den Bompressis. Er sagt, am Ende des Gesprächs habe er Marino geraten zu bedenken: falls er in jenem »aufgewühlten, verbitterten Gemütszustand« verharre, täte er gut daran, sich an die Polizei oder an die Gerichtsbehörde zu wenden (26. Januar 1990; *Verhandl.*, S. 796). Ein paar Tage später hatte Bertone sich an einen Anwalt gewandt, der ihm den Rat gegeben hatte, niemandem von der Begegnung mit Marino zu erzählen. Er erklärt, auch gegenüber Anwalt Zolezzi geschwiegen zu haben, mit dem er, wie er sagt, eng befreundet ist. In Beantwortung einer Frage von Anwalt Gentili streitet er ab, Marino geraten zu haben, einen ihm befreundeten Anwalt, Maris (Kommunist), als Verteidiger zu bestellen (was Marino dann tatsächlich tat). An dieser Stelle kommt es zu einem Tumult, in den Sofri mit der schroffen Frage an Maris eingreift: Stimmt es oder nicht, daß er Bertone angerufen hatte, um zu erfahren, ob er im Untersuchungsverfahren mitwirken werde? Maris ist entrüstet, streitet aber nicht ab. Tags darauf (27. Januar) weist Sofri, wie bereits erwähnt, die Gerüchte um ein »kommunistisches Komplott« zurück.

Zu Recht, da es sich um eine grobe und vereinfachende Mutmaßung handelt. Doch die zunächst von Sofri formulierte These, die alles auf das Lügengebilde des Paares Marino-Bistolfi zurückführt, ist nicht mehr glaubwürdig. Die Folge von Ereignissen, die wir aufgezählt haben, läßt sich nicht einfach einordnen. Handelt es sich um eine Konstruktion, die nach und nach Gestalt annimmt? Oder um zusammenhanglose Fragmente? Oder um immer größere chinesische Schachteln? Nur diese letzte Hypothese wäre mit der eines Komplotts vereinbar.

Ein Komplott ist aber von der Sache her schwer nachzuweisen. Man könnte auf indirekte Beweismittel zurückgreifen. Kann das wiederholte Verschwinden aussagefähiger Beweisstücke ebenfalls als Beweis angesehen werden? Die von Calabresi am Tag des Mordes getragene Kleidung ist 1972 verschwunden, ohne daß sie je jemand untersucht hätte. Der von den Attentätern benutzte blaue Fiat 125 wurde, wie aus der Mitteilung des Polizeiinspektors Francesco Pedullà hervorgeht, »am 31. 12. 1988 verschrottet« – fünf Monate nach der Verhaftung der Angeklagten – »nachdem er seit dem 25. 8. 1972 im Fahrzeugdepot Fiorenza abgestellt war«. Die Kugel, die Calabresi getroffen hatte, wurde sogar versteigert, nachdem die Asservatenkammer des Gerichts von einer Überschwemmung heimgesucht worden war.[50] Merkwürdige Zufälle. Es handelt sich allerdings um Miß-geschicke, die in Italien häufig vorkommen: man denke nur an das Verschwinden – während des Untersuchungsverfahrens – der Preis-schilder der Aktentaschen, die den für das Blutbad von Piazza Fontana (Mailand, 1969) verwendeten Sprengstoff enthalten hatten.

Wenden wir uns wieder Marino und seinen Geständnissen zu. Was sich da abzeichnete, ist ein sehr italienischer Weg, der bei einem republikanischen Anwalt (Zolezzi) beginnt, sich über einen Priester (Don Regolo Vincenzi) und einen kommunistischen Vizebürgermeister (Bertone) fortsetzt und endlich ein Jahr später in einer Carabinierikaserne endet. Angesichts dieser verworrenen Route fällt es schwer, die These zu akzeptieren, die Anschuldigungen Marinos seien aus einem tiefempfundenen, schmerzhaften moralischen Sinneswandel heraus entstanden.[51]

XV So aber lautete, wie erwähnt, die von Marino den Ermittlern gegebene und von diesen voll akzeptierte Erklärung: »Seit etlichen Jahren hatte sich in mir die von moralischen und religiösen Gefühlen gebotene Einsicht gefestigt, vor den zuständigen Behörden Taten und Umstände zu gestehen, an denen ich beteiligt war [...] Auch wenn ich annehme, daß viele mir vielleicht nicht glauben können, habe ich beschlossen zu gestehen, was ich getan habe oder wovon ich Kenntnis habe...« Wer es von seinem Beruf her gewohnt ist, Texte zu lesen und zu interpretieren, dem drängt sich unweigerlich der Gedanke auf, daß diese Sätze einstudiert wirken. Wir dürfen allerdings nicht vergessen, daß sie uns durch einen stereotypen bürokratischen Filter verzerrt erreichen. Marino wird sich wohl anders ausgedrückt haben. Zudem zählen Eindrücke bei so gravierenden Angelegenheiten wenig: oder besser, sie zählen nur, wenn sie auf konkreten Fakten beruhen. Das Problem ist, daß diese Sätze auch inhaltlich verblüffen. Marino hat widersprüchliche Angaben zu den außergewöhnlich langen Zeiten seiner inneren Qual gemacht: beim ersten Verhör in der Ermittlung (20. Juli 1988) bezifferte er den Hinweis auf die »verschiedenen Jahre« auf »drei bis vier Jahre«; am darauffolgenden Tag hingegen sagte er, er habe sofort nach dem Mord an Calabresi »begonnen, eine tiefe Gewissenskrise zu durchleben, so daß er sich nach und nach zurückzog und sich auf eine völlig legale politische Aktivität beschränkte« (*Prot.*, S. 16). Wann fing diese Krise an, im Jahr 1972 oder 1984–85? Auf alle Fälle hatte Marino nach Beginn dieser Krise, wann immer der war, an zahlreichen Raubüberfällen teilgenommen (der

letzte in den ersten Monaten von '87 [*Prot.*, S. 29]) sowie an einem
Überfall auf das Turiner Cisnal-Büro, der »im Sommer 1974 oder
jedenfalls in einem warmen Monat« stattgefunden hatte (*Prot.*, S. 28)
– der sich dann als Januar herausstellte.[52]

Wie erwähnt, schien der Vorsitzende Minale zu Beginn der mündlichen Verhandlung viele Zweifel an der Echtheit von Marinos Reumütigkeit zu haben, wenn nicht gar am gesamten Ansatz der Ermittlung. Wir haben uns gefragt, was ihn dazu brachte, eine entgegenge-
setzte Überzeugung zu entwickeln, die dann vom Richterkollegium
geteilt wurde. Es läßt sich ausschließen, daß es sich um die Enthüllungen der Carabinieri in den Sitzungen des 20. und 21. Februar handelt:
zumindest deshalb, weil der Vorsitzende mit aller Wahrscheinlichkeit
bereits davon in Kenntnis gesetzt worden war. Wir lassen ohne weiteres die Hypothese beiseite, die uns wieder auf ein Komplott zurückführen würde, nämlich die von einer Kursänderung auf Druck von
außen: eine Mutmaßung, die für einen Richter ehrenrührig wäre, und
die wir nicht einen Augenblick lang in Betracht ziehen wollen. Es
bleibt uns also nichts anderes übrig, als zur Kenntnis zu nehmen, was
im Verlauf der mündlichen Verhandlungen geschah: Nachdem der
Vorsitzende Minale den Angeklagten Marino mit seinen Entgegnun-
gen in arge Bedrängnis gebracht hatte, akzeptierte er seine Geständnisse schließlich als wahr. Daß er von einem bestimmten Punkt an
einer neuen Arbeitshypothese folgte, die viel näher an derjenigen lag,
die der Ermittlung als Richtschnur gedient hatte, ergibt sich deutlich
zumindest ab Beginn der Vernehmungen der Augenzeugen von Calabresis Ermordung in der Sitzung vom 31. Januar. Aus den Antworten der Zeugen ergibt sich eine Reihe von Punkten (im folgenden analysiere ich einige davon), die mit Marinos Geständnissen nicht übereinstimmen. Das Verhalten des Vorsitzenden legt den Schluß nahe, er
habe sich an das einzigartige, von Richter Lombardi im Eröffnungsbeschluß formulierte methodologische Prinzip gehalten: daß nämlich
im Falle von Divergenzen zwischen den Augenzeugen der Ermordung
und Marino dessen Geständnis der Vorzug zu geben sei, da es näher
an der Wahrheit liege.

a. *Der Unfall am Parkplatz.* In der Verhandlung (10. Januar 1990;
S. 103) bestätigte Marino im wesentlichen die während der Ermittlung (*Prot.*, S. 12) abgegebene Version und sagte: »Als ich aus dem
Parkplatz herausfuhr, hatte ich eben diesen kleinen Unfall [*einen Auf-
prall mit dem Kotflügel:* C. G.] mit einem anderen Wagen, der offensichtlich einen Parkplatz suchte (dabei war, in den Parkplatz einzu-
fahren). Die Sache hat mich ein bißchen, naja, erschreckt, weil ich in
einem gestohlenen Wagen saß und doch diesem Herrn nicht die Fahr-

zeugpapiere zeigen oder anhalten konnte, um zu diskutieren, weshalb ich, mit einem Blick, so, zu verstehen gab... (ich gab diesem Herrn ein Zeichen mit der Hand, etwas zurückzufahren, um so, sagen wir, den Weg freizumachen, und gab ihm dabei zu verstehen, daß ich gleich anhalten würde, um ihm die Papiere zu geben oder sowas). Dieser Herr fuhr ein kleines Stück zurück, und sobald ich den Weg frei hatte, fuhr ich eben schnell davon, so, zur Ausfahrt des Parkplatzes (praktisch die Straße, die vom Parkplatz wegführt).«

In den ersten Indiskretionen über das Ermittlungsverfahren, die die Zeitungen im Sommer 1988 zusammentrugen, wurde die Schilderung dieses Unfalls als ein Beweis für die Echtheit von Marinos Geständnissen dargestellt. Nur wer an dem Verbrechen teilgenommen hatte, sei in der Lage gewesen, einen Vorgang so genau zu beschreiben, der sechzehn Jahre zuvor von den Zeitungen ungenau beschrieben worden war – als *nach* statt *vor* dem Attentat geschehen. Marino sagte während der Ermittlung aus, damals mit Pietrostefani über diese Unstimmigkeit diskutiert zu haben, die er einer Strategie der Spurenverwischung der Polizei zugeschrieben hatte. Wie im Verlauf der Verhandlung (15. Januar 1990; *Verhandl.*, S. 285–86) Rechtsanwalt Dinoia hervorhob, war die Nachricht in Wirklichkeit von der ›Stampa‹ und von zwei anderen Zeitungen in exakter Form wiedergegeben worden, zusammen mit einigen Skizzen, die den Unfallhergang bildlich darstellten. Dinoia merkte auch an, daß Giuseppe Musicco (die Person am Steuer des Wagens, eines Simca 1000, auf den Marino auffuhr) von dem Unfall eine stark abweichende Darstellung gegeben hatte, die er dann im Laufe der Verhandlung bekräftigte (31. Januar 1990; *Verhandl.*, S. 921 ff.):

»Ich hatte den Wagen«, hatte er gesagt, »nahe der U-Bahn geparkt; aber als ich dann hinausfuhr, fährt an der Kreuzung ein Wagen mit Vollgas an mir vorbei, fährt mich an und haut mich zurück und ich hab ihn nicht mehr gesehen; ich habe angehalten und habe überhaupt nichts gesehen« – nichts von dem Attentat, das sich wenige Minuten später ereignete. Er fuhr hinaus, nicht hinein: »ich hatte *dort drinnen* geparkt, also, und ich war gerade dabei herauszufahren«, beharrt Musicco in einem weiteren Verhör kurz vor einem Lokaltermin – dem einzigen des ganzen Prozesses –, den der Vorsitzende Minale beschloß (28. Februar 1990; *Verhandl.*, S. 1961). Was die stumme Zwiesprache mit dem Unfallfahrer betrifft, schließt Musiccos Version sie, wie gesehen, entschieden aus.

b. *Der zeitliche Ablauf.* Das sind nun Marinos Handlungen vor dem Attentat laut seiner in der Voruntersuchung gelieferten Darstellung (*Ermittl.*, S. 12–13), die dann in der Verhandlung an manchen Stellen korrigiert wurde (10. Januar 1990, *Verhandl.*, S. 101 ff.; 15. Januar 1990, *Verhandl.*, S. 282 ff.). Gegen 8 Uhr kommt er zu dem gestohlenen 125er, während Bompressi sich »in die Nähe des Wohnhauses« von Calabresi begibt. Es ist noch viel Zeit: Marino behauptet, nach den getroffenen Vereinbarungen habe er sich »gegen 8.40 Uhr in der Nähe des Hauseingangs [von Calabresi] einfinden sollen«. Doch diese Verabredung, zu der Marino im übrigen nicht erscheint, hat keinerlei Bedeutung. In der Verhandlung wird aus 8.40 Uhr »zehn Minuten vor 9.00, mehr oder weniger, weil das eben die Zeit war, zu der er [Calabresi] aus dem Haus ging (eher noch war es gerade um 9.00 herum)«.[53]

Man kann von Marino nicht behaupten, er sei ein Pünktlichkeitsfanatiker: »Vereinbart war, ich solle mich von zwanzig vor neun an vor das Haus begeben, sobald es mir möglich war. So daß ich nicht etwa verpflichtet war [? *Anm. des Transkribenten*], genau um zwanzig vor neun dort zu sein oder um Viertel vor neun oder um zehn vor neun. Von zwanzig vor neun an, sobald es mir, sagen wir mal, möglich war, auch je nach meiner persönlichen Einschätzung, auch in Anbetracht des Verkehrs, der da war, der Verfügbarkeit an Parkplätzen, sollte ich mich dort einfinden. So, ich weise auch noch darauf hin, daß Enrico [d. h. Bompressi] auf alle Fälle, sagen wir, mein Verhalten mit dem Wagen beobachten sollte und sich augenblicklich bereithalten sollte in dem Moment, in dem ich bereit war. Ich möchte auch sagen, daß, falls Dr. Calabresi herausgekommen wäre, bevor wir bereit waren, die Sache klarerweise verschoben worden wäre. Das ist nicht... Es war also nicht so, daß ich genau um zwanzig vor neun dort sein sollte, weil sonst alles ins Wasser gefallen wäre. Ich sollte von zwanzig vor neun an bereit sein, gerade weil Luigi [ein nicht identifizierter Komplize] uns gesagt hatte, daß es von dieser Uhrzeit an sehr wahrscheinlich war, daß er herauskam« (*Verhandl.*, S. 282).

Marino geht zur Bar der U-Bahn-Station, wo er eine Mütze vergißt, die Luigi ihm gegeben hatte, um sich zu vermummen; er steigt in den 125er; er fährt den Simca von Musicco an und entfernt sich mit hoher Geschwindigkeit. Nach der Zeugenaussage von Musicco müßte sich der Unfall *gleich nach neun* zugetragen haben (»fünf—zehn Minuten« vor der Schießerei, die um 9.12—9.13 stattfand: *Verhandl.*, S. 923—24); laut Marino, *gleich nach zwanzig vor neun*, dem Zeitpunkt, zu dem er sich gerade auf dem Weg zum Wohnhaus Calabresis befand (*Verhandl.*, S. 282). Marino fährt »eine Runde« unbestimmter Dauer in der Umgebung; irgendwann wechselt er auf die andere Seite von Via Cherubini, wo die geraden Nummern verlaufen, er erinnert sich aber nicht, ob er dazu Kreuzungen mit Ampeln überquerte oder nicht (*Verhandl.*, S. 105—6); er hält vor dem Obst- und Gemüseladen, der sich zehn Meter vor der Wohnung Calabresis befindet, und bleibt da »über eine Viertelstunde« mit laufendem Motor stehen, wobei er so tut, als lese er Zeitung: »ich hatte die Pistole, die ich, naja, zwischen die Beine gelegt hatte« (*Verhandl.*, S. 107). Neben dem Wohnhaus Calabresis erwartet ihn Bompressi, der sich (wie wir immer noch von Marino erfahren) seit über einer Stunde »in der näheren Umgebung« aufhielt.[54] Ein überaus auffälliges Auflauern, das mehr danach aussieht, sich zur Schau zu stellen, als unerkannt bleiben zu wollen: und dennoch erinnern sich weder der Hauswart noch die Gemüsehändlerin, noch die Inhaber der anliegenden Geschäfte an die Anwesenheit der zwei Attentäter. Letztendlich haben wir eine Diskrepanz – die zwanzig Minuten, die den Unfall in den Versionen von Musicco beziehungsweise von Marino trennen –, mit der sich der Vorsitzende nicht aufhält, und zusätzlich eine Reihe außerordentlich unwahrscheinlicher Umstände.

c. *Der Rückwärtsgang.* »Nahezu gleichzeitig mit den Schüssen – schreibt Untersuchungsrichter Lombardi im Eröffnungsbeschluß (S. 265) – setzt [Marino] mit dem Wagen im schon vorher eingelegten Rückwärtsgang ungefähr zehn Meter zurück bis zur Höhe der Hausnummer 6 der Via Cherubini«, damit Bompressi einsteigen kann. Und der Richter kommentiert: »Nur wer vor Ort war, ist in der Lage, derart minuziös die Entfernungen zu beschreiben:... es ist dies in der Tat der ungefähre Abstand zwischen dem Obst- und Gemüseladen und der Hausnummer 6 von Via Cherubini.« Daß Marino irgendwann in seinem Leben in der Via Cherubini war, ist durchaus möglich: aber das von ihm wiederholt angeführte Rückwärtsfahren ist sämtlichen Augenzeugen des Mordes entgangen. Dem Vorsitzenden Minale, der ihn auf diese Ungereimtheit hinwies, bot Marino im Lauf der Verhandlung folgende Erklärung (10. Januar 1990, *Verhandl.*, S. 113, wiederaufgenommen und revidiert auf S. 311, 15. Januar 1990):

»Ich denke, ich habe den Vorgang schon in der letzten Vernehmung geklärt. Und zwar so, daß in dem Moment, in dem ich rückwärts fuhr, die Schüsse noch nicht gefallen waren. Die Zeugen... soviel ich weiß, wird einer auf der Straße auf etwas aufmerksam, wenn es... etwas besonderes passiert. In dem Moment, wo ich rückwärts fuhr, waren die Schüsse noch nicht gewesen, weshalb niemand darauf geachtet hat (das ist eine Einschätzung von mir), daß ich rückwärts fuhr. Genau in dem Moment, in dem die Schüsse fallen, zu dem Zeitpunkt stehe ich dort mitten auf der Straße, weshalb... die Autos, die hinten nachkommen... Gewiß, ich stand da... sagen wir, hinten gab es dann... die die hinten waren, standen in der Kolonne, es war aber nicht so, daß ich hinter ihnen herfuhr...«

Marino schnappt nach Luft; ein Rettungsring wird ihm zugeworfen:

Vorsitzender: »Als Sie rückwärts fuhren, sind Sie da rückwärts gefahren, in der Spur ihres Wagens, die frei war, während die Schlange links daran vorbeizog, oder haben Sie sich in die Schlange eingereiht?«

Marino: »Nein, ich habe mich nicht in die Schlange eingereiht. Ich bin rückwärts gefahren...«

Vorsitzender: »... in diese Richtung, die frei war.«

Marino: »Ja.«

Vorsitzender: »Und weshalb war, als Sie dann losgefahren sind, die Kolonne hinter ihnen? Weil die Spuren zwei verschiedene sind. Als wären es zwei Geleise. Ihres fährt rückwärts, weil die Straße breit ist, und dann ist noch die Kolonne, die sich vorwärtsbewegt.«

Marino: »Das weiß ich nicht. Wahrscheinlich sind die in dem Moment angekommen.«

Wahrhaft subtile Spitzfindigkeiten, die unglücklicherweise durch zwei ganz klare Zeugenaussagen widerlegt sind. Am Morgen des 17. Mai 1972, kurz nach 9.10 Uhr, fuhr der blaue Fiat 125 der Attentäter die Via Cherubini entlang, gefolgt von einem Alfa Romeo 2000, gefahren von Pietro Pappini, und einer Bianchina, gefahren von Margherita Decio. Pappini beschrieb sofort nach den rasch aufeinanderfolgenden Ereignissen, deren Augenzeuge er wurde: 1) aus einer Toreinfahrt war ein sehr großer Mann herausgetreten; 2) aus dem blauen 125er war ein ebenfalls sehr großer Mann ausgestiegen, der die Straße überquerte, an den anderen von hinten herantrat und aus nächster Nähe zwei Pistolenschüsse auf ihn abgab; 3) der Schütze überquerte die Straße neuerlich und stieg wieder in den 125er ein, der mit großer Geschwindigkeit davonfuhr. Nach der Beschreibung Pappinis nun fuhr der 125er »sehr langsam«: als der Schütze dann ausgestiegen war (Ereignis Nr. 2, auf das wir gleich zurückkommen werden), hatte er wahrscheinlich angehalten oder fast, da das Ereignis Nr. 3 folgendermaßen beschrieben wurde: »Während der getroffene Herr zu Boden sank, kehrte er, die Pistole immer noch in der Hand, rückwärts gehend zu seinem Fahrzeug zurück, das inzwischen angefahren war...« (29. Januar 1990, *Verhandl.*, S. 905–6). Der einzige, der sich rückwärts bewegt, ist der Schütze; Pappini, der sich doch in der besten vorstellbaren Beobachtungsposition befindet, spricht keineswegs von einer Rückwärtsfahrt des 125ers. In noch exakterer Weise stellt Decio fest, langsam weitergefahren zu sein, bis nach dem zweiten Pistolenschuß (»und ich weiß jetzt nicht, ob unmittelbar«) die Autokolonne anhielt: insbesondere ein Wagen (der 125er) »hat angehalten, hat diese Person [den Schützen] aufgenommen und ist abgedüst« (7. Februar 1990,

Verhandl., S. 1106–7). Auch hier ist nicht die Rede von Rückwärtsfahren.

d. *Der Schütze, der aussteigt und wieder einsteigt.* Mit der Frage des
Rückwärtsfahrens ist eine weitere außerordentliche Diskrepanz zwischen dem Bericht Marinos und dem der Augenzeugen verknüpft:
laut ersterem wartete Bompressi seit geraumer Zeit neben dem
Wohnhaus Calabresis; nach Angabe der anderen war der Schütze
dem blauen 125er entstiegen, während Calabresi die Straße überquerte, und hatte dann auf ihn geschossen. Der Eröffnungsbeschluß
neigte dazu, diese Diskrepanz zu bagatellisieren. Der Vorsitzende Minale nimmt zumindest anfänglich eine ganz andere Haltung ein: Er
gibt Marino zu bedenken, »... die Zeugen scheinen sich einig zu sein,
ein einziges Fahrmanöver anzugeben: der Wagen fährt vorwärts, der
Mörder steigt aus, verfolgt Dr. Calabresi, schießt und steigt wieder in
einen Wagen ein, der schon wieder angefahren war...« (10. Januar
1990, *Verhandl.*, S. 112). In Wahrheit waren die Zeugen sich nicht
»einig«, und das Fahrmanöver war keineswegs »einzig«: Decio, beispielsweise, sagte aus, den aus dem Wagen steigenden Mörder nicht
bemerkt zu haben. Aber in ihrem Fall war das Blickfeld teilweise von
dem Alfa 2000 Pappinis verdeckt. Letzterer hingegen, der sich unmittelbar hinter dem blauen 125er befand, erklärte gleich nach dem
Attentat:

»In dem Moment [als der hochgewachsene Mann, nämlich Calabresi, sich anschickte, die Straße zu überqueren] sah ich aus dem besagten Auto [dem blauen 125er] einen hochgewachsenen Mann in
blauer Jacke und hochgeschlossenem schwarzen Pullover aussteigen,
der um sein Fahrzeug herum und zwischen seinem und meinem
durchging, und so von hinten an den Herrn herantrat, der vom Bürgersteig herunter und in der Zwischenzeit auf der anderen Straßen-
seite angelangt war und sich zwischen den zwei dort längsseitig abge-
stellten Fahrzeugen befand.«

Achtzehn Jahre nach dieser Zeugenaussage, wird sie im Gerichtssaal vorgelesen (29. Januar 1990). Es entwickelt sich folgender Dialog
(*Verhandl.*, S. 906–8):

Vorsitzender: »Sind Sie sicher, diese Person aussteigen gesehen zu
haben?«

Pappini: »Die Aussage, die ich damals gemacht hatte, war die.«
[...]

Vorsitzender (*liest die vormals vom Zeugen gemachte Aussage*):
»›Während der getroffene Herr zu Boden sank, kehrte er, die Pistole
immer noch in der Hand, rückwärts gehend zu seinem Fahrzeug zurück, das inzwischen angefahren war, und nahm auf dem Sitz Platz,

neben einer Frau, die am Steuer saß.‹« [zu diesem Detail, siehe weiter unten: C. G.]

Pappini: »Die ich … das schien mir eine Frau.«

Vorsitzender: »Ja; aber, Herr Pappini, wir sagten doch, daß Sie, als Sie die Schüsse hörten, sich praktisch an der Kreuzung mit Via Rasori befanden …«

Pappini: »In der Via Rasori … ja.«

Vorsitzender: »Dort, in der Via Rasori, also nach dieser Biegung … [*Anm. des Transkribenten: undeutliche Worte*]; und was haben Sie in dem Moment gesehen?«

Pappini: »Der Wagen ist losgefahren, und ich habe den einen Herrn gesehen … daß zu … daß mir vorkam, daß das eine Frau am Steuer war.«

Vorsitzender: »Und wo war der Wagen? Immer noch vor Ihnen?«

Pappini: »Ja, der war genau vor mir.«

Vorsitzender: »Und dieser Herr, der ankam, wo kam der her?«

Pappini: »Von da wo der Mord passiert war … wo sie den einen Herrn ermordet haben.«

Vorsitzender: »Ja; aber Sie, Sie wußten im Moment nicht, wo der Mord passiert wart: Sie wußten nichts und hörten zwei Schüsse.«

Pappini: »Ich hörte die Schüsse und fertig.«

Vorsitzender: »Folglich, warum sagen Sie mir, er kam von dem Mord?«

Pappini: »Weil er mich überholt hat vorne und nicht einmal lief: er ging langsam, dieser Herr.«

Vorsitzender: »Ja: aber wie können Sie sagen, daß es dieselbe Person ist, die aus dem Wagen gestiegen war?«

Pappini: »Ich habe vielleicht, beim Zurückschauen, oder was, ich weiß nicht, oder zwei Schüsse zu hören, die ich vielleicht gar nie gehört habe …«

Vorsitzender: »Sie hörten zwei Schüsse und landeten in einer Ecke, sagten Sie.«

Pappini: »Wenn man Angst hat … [*Anm. des Transkribenten: Stimmen, die sich überlagern*] … Vor lauter Angst, hab ich mich …«

Vorsitzender: »Folglich schauten Sie nicht nach hinten.«

Pappini: »Ich schaute nicht nach hinten.«

Vorsitzender: »Und folglich, wie können Sie sagen, die Person, die ausgestiegen war, war dieselbe Person, die dann in den Wagen einstieg?«

Pappini: »Ich weiß es nicht … ich kann mich wirklich nicht mehr erinnern. Ich kann mich nicht einmal mehr erinnern …«

Vorsitzender (*liest*): »›Bevor er in den Wagen stieg, hat der Schütze die Pistole in einer Innentasche seiner Jacke versteckt …‹«

Pappini: »Ja, der, den sah ich in das Ding einsteigen, und er hat die Pistole versteckt.«

Vorsitzender (*liest weiter*): »›... und schließlich machten sie sich in Richtung auf Via Mario Pagano aus dem Staub. Die Person, die geschossen hat – sagen Sie –, war zirka 1,76–1,80 groß, regelmäßigen Körperbaus, ohne Hut, dunkle und gewellte Haare, ich glaube um die dreißig, gut aussehend, trug eine blaue Jacke und einen dunklen, hochgeschlossenen Pullover‹: das sagen Sie aus. Nun, die Beschreibung, die Sie geben, von wem ist die? Ist die von der Person, die Sie aus dem Wagen aussteigen sahen, oder von der Person, die Sie einsteigen sahen, oder die des Schützen (den Sie nicht gesehen haben dürften)?«

Pappini: »Entweder ist es die Person, die ausgestiegen ist, oder es ist die Person, die eingestiegen ist... Ich kann mich nicht erinnern.«

Vorsitzender: »Ja; aber Sie sagen ›der Schütze‹, und Sie haben ihn, den Schützen, nicht gesehen.«

Pappini: »Nein, nein, ich habe die Schüsse gehört.«

Vorsitzender: »Sie haben die Schüsse gehört; also, die Person, von der Sie die Beschreibung geben, wer ist die?«

Pappini: »Von dem einen Herrn, der in den Wagen gestiegen ist.«

Vorsitzender: »Dem, der eingestiegen ist und sich die Pistole in...«

Pappini: (*Anm. des Transkribenten: unverständliche Antwort wegen sich überlagernder Stimmen*) »... in den Wagen.«

Vorsitzender: »Und erinnern Sie sich, ob es dieselbe Person war, die ausgestiegen war?«

Pappini: »Nein, darauf habe ich nicht geachtet.«

Vorsitzender: »Und damals, konnten Sie sich da auch nicht erinnern?«

Pappini: »Auch nicht?«

Vorsitzender: »Damals.«

Pappini: »Nein, nein, nein, ich kann mich wirklich nicht erinnern.«

Ich kenne Herrn Pappini nicht. Ich habe dem Prozeß nicht beigewohnt, in dem er als Zeuge aussagte. Aus den Protokollen, die ich mir ansah, geht hervor, daß er 1932 in Cornaredo in der Provinz Mailand geboren ist; nichts weiter. Der Alfa 2000, den er an jenem Morgen im Mai 1972 fuhr, läßt auf einen einigermaßen begüterten Menschen schließen; einen Kaufmann vielleicht. Ich verfüge über eine Fußnote, die in diesem wie in anderen Fällen vom Verfasser der Tonbandabschriften stammt: »Die Niederschrift der Zeugenvernehmung ist ungekürzt auch hinsichtlich der eingeschobenen dialektalen Wendungen und der umgangssprachlichen Ausdrücke, von daher ist die Lektüre an einigen Stellen erschwert.« Mit schien sie überaus eloquent. Ein Richter, der nachhakt, der beharrt, der mit Sophismen herumwirbelt, als wären es Säbel, der bis ins letzte seine Macht und sein Wissen ausspielt ... wo (fragte ich mich beim Lesen des Dialogs zwischen dem Vorsitzenden Minale und Herrn Pappini) ist mir dies alles schon einmal begegnet? Vielleicht ist es eine berufsbedingte Deformation, aber ich konnte mich nicht enthalten, ein weiteres Mal an einen Inquisitionsprozeß zu denken: einen jener Hexenprozesse, in denen der Inquisitor es nach und nach schafft, eine Angeklagte zu überzeugen, daß die Madonna, die ihr erschienen ist, der Teufel ist, daß die nächtlichen »Ausfahrten«, zu denen ein Angeklagter sich im Geiste zu begeben erklärt, in Wirklichkeit der Hexensabbat ist, und so weiter.[55] Die Akteure sind hier ein Richter und ein Zeuge, statt eines Richters und eines Angeklagten: doch heute wie damals versucht der, der mehr Macht und mehr Wissen hat (in bester Absicht, versteht sich), den anderen dazu zu überreden, den eigenen Standpunkt zu teilen. Auf dem Spiel steht etwas sehr Heikles, nicht Greifbares sogar: eine Handvoll Wahrnehmungen, die sich achtzehn Jahre vorher in das Gedächtnis eines Individuums eingeprägt hatten. So wie viele andere Zeugen des Attentats sah Pappini einen Mann aus einem blauen Wagen steigen, schießen, wieder in denselben Wagen einsteigen. Er sah es vielleicht besser als jeder andere, da der Mann beim Aussteigen direkt vor seinem Alfa 2000 vorbeigegangen war, an dessen Steuer er, Pappini, saß. Aber unter dem Drängen der vom Vorsitzenden formulierten, spitzfindigen Unterscheidungen und Zweifel kommt Pappini ins Wanken: die Gewißheit dessen, was er achtzehn Jahre vorher ein paar Meter vor sich gesehen hatte, zerbröckelt nach und nach. Der Schütze teilt sich auf in die Person, die einstieg und die, die ausstieg; dann wird er eine andere Person, die sich von diesen zweien unterscheidet; schließlich löst er sich auf. Die gleich nach dem Mord abgelegte Aussage, als die Erinnerung noch frisch war, zerbröckelt nachträglich: »Und damals, konnten Sie sich da auch nicht erinnern?« »Auch nicht ...?« »Damals.« »Nein, nein, nein, ich kann mich wirklich nicht erinnern.« Es handelt sich aber um eine vorübergehende Unsicherheit. Als wenige Minuten später der Vorsitzende die Attacke wiederaufnimmt, bleibt Pappini hart:

Vorsitzender: »Warum sagen Sie, daß dieselbe Person, die aus dem Wagen gestiegen ist, dieselbe Person ist, die dann wieder eingestiegen ist?«

Pappini: »Aus dem einfachen Grund, daß an dem Tag da ... naja, jetzt rede ich für den Tag da ... Diese Person, die aus dem Wagen gestiegen war, sah ich noch mal einsteigen, als ich die Schüsse hörte; ich denke der war es, also ...«

Vorsitzender: »Das heißt, Sie erinnern sich, dieselbe Person gesehen zu haben?«

Pappini: »Für mich, ja, war es dieselbe Person.«

Der Zeuge wird entlassen.

e. *Die Frau am Steuer*. Zu diesem Punkt hören wir noch einmal die Zeugenaussage von Pappini (*Verhandl.*, S. 906–11):

Vorsitzender (*liest die vormals vom Zeugen gemachte Aussage vor*): »›Während der getroffene Herr zu Boden sank, kehrte er, die Pistole immer noch in der Hand, rückwärts gehend zu seinem Fahrzeug zurück, das inzwischen angefahren war, und nahm auf dem Sitz Platz, neben einer Frau, die am Steuer saß‹ [*zu diesem Detail, siehe weiter unten: C. G.*].«

Pappini: »Die ich… das schien mir eine Frau.«

[…]

Pappini: »Der Wagen ist losgefahren, und ich habe den einen Herrn gesehen… daß zu… daß mir vorkam, daß das eine Frau am Steuer war.«

[…]

Vorsitzender: »Weiter sagen Sie (*liest die vom Zeugen vormals gemachte Aussage*): ›Die Frau, die am Steuer des Fiat 125 war, sah ich von hinten, ich bin also nicht in der Lage, sie zu beschreiben, auf jeden Fall hatte sie braune, glatte Haare, die Frisur war auf einer Seite… [*Anm. des Transkribenten: schlecht ausgesprochenes Wort*] nach außen, und auf der anderen Seite glatt.‹ Nun, die Frage ist folgende: War jene Frau am Steuer die Frau am Steuer des Wagens, aus dem sie diese Person aussteigen sahen…«

Pappini: »Ja.«

Vorsitzender: »… und nicht die Person, die am Steuer des Wagens saß, in den er einstieg?«

(Jetzt hat die Gaukelei ein schwindelerregendes Ausmaß erreicht: vor unseren Augen haben nicht nur zwei Schützen materielle Gestalt angenommen – der aussteigende und der einsteigende –, sondern auch zwei Frauen und zwei Autos. Hut ab, Herr Vorsitzender. Pappini scheint ein wenig verwirrt, gibt aber nicht nach:)

Pappini: »Nein, von dem, aus dem diese Person ausgestiegen ist, denke ich… Ich denke ja… die, von mir aus war das eine Frau, die… Als der Wagen losfuhr… was ich sah, weil ich mit dem Wagen rechts ran fuhr, und als der Wagen schnell losfuhr… von mir aus, ich hatte es gesehen und es schien mir eine Frau, also.«

Vorsitzender: »Ja; nein, ich wollte Sie noch genauer fragen: wenn Sie von einer Frau sprechen, beziehen Sie sich auf die ›Frau, die am Steuer des Wagens war, der vor Ihnen fuhr, und aus dem dieser Herr ausgestiegen ist‹?«

Pappini: »Ja, ja, ja… dieser Wagen, der vor mir war…«

Vorsitzender: »Aber am Steuer des Wagens, in den dann dieser Herr einstieg, der die Pistole in die Tasche steckte, haben Sie da gesehen, wer da am Steuer war?«

Pappini: »Eine Frau... von mir aus.«

Vorsitzender: »Auch das war eine Frau?«

Pappini: »Ja, von mir aus war das eine Frau.«

Vorsitzender: »Und hatten Sie den Eindruck, es sei dieselbe?«

Pappini: »Ich denke ja, denn wenn der Wagen vor mir war und ich fuhr langsam, als ich die Schüsse hörte und ich dann rechts ran fuhr... war es immer noch dieser Wagen, der schnell durch die Via Rasori wegfuhr.«

Vorsitzender: »Und warum sprechen Sie von einer Frau?

Pappini: »Weil es mir beim Hochsehen eine Frau schien.«

[...]

Vorsitzender: »Sie sagten dann, damals: ›Falls mir diese Person mit der Pistole gezeigt würde, wäre ich in der Lage sie wiederzuerkennen‹; und heute, welche Erinnerung haben Sie von dieser Person?«

Pappini: »In der Tat hatten sie mir zwei oder drei Personen gezeigt, eines Abends, in der Via Moscova, und ich hatte sie nicht wiedererkannt, also, das heißt ich hatte nein gesagt, sofort.«

Vorsitzender: »Hatte man Ihnen denn eine Frau gezeigt?«

Pappini: »Man hatte mir auch eine Frau gezeigt, eine kleinere... aber die Frau saß ja am Steuer: wie konnte ich sie denn sehen?«

Vorsitzender: »Als man Sie dann eine Frau identifizieren ließ, kamen Ihnen da Zweifel?«

Pappini: »Nein, ich habe direkt nein gesagt.«

Vorsitzender: »Nein, ich meine: kamen Ihnen Zweifel an der Sache und sagten Sie: ›Warum zeigen Sie mir denn eine Frau? Ich bin mir nicht sicher, ob es ein Mann oder eine Frau war‹, oder hatten Sie keine Zweifel?«

(Ein schönes Beispiel für eine Fangfrage, die mit der schwachen Alternative am Ende schamhaft verschleiert ist. Auf diese Weise zwangen in weniger glücklichen Zeiten als den unseren skrupellose Richter schwachen oder verschüchterten Angeklagten ihren Willen auf. Aber auch dieses Mal läßt Pappini sich nicht einschüchtern:)

Pappini: »Nein, nein, ich glaube ich hatte keine Zweifel.«

Vorsitzender: »Das heißt, für Sie war es tatsächlich eine Frau?«

Pappini: »Für mich war es tatsächlich eine Frau.«

Vorsitzender: »Und woher eigentlich nahmen Sie diese Gewißheit?«

Pappini: »Wegen der langen Haare, die sie hatte.«

Denselben Eindruck oder in anderen Fällen denselben Zweifel hatten andere Augenzeugen gehabt. Beginnen wir mit einem in vieler Hinsicht ungewöhnlichen Fall: dem von Adelia Dal Piva, die am Morgen des Mordes gerade aus einer Bankfiliale in der Via Ariosto kam, wo sie die Telefonrechnung bezahlt hatte. Plötzlich hatte sie einen blauen 125er mit großer Geschwindigkeit herankommen sehen.

Dem entstiegen »ein Mann und eine Frau, und zwar die Frau auf der Fahrerseite«, die sie nur von hinten hatte sehen können. Daß es sich um den Wagen der Mörder Calabresis handelte, hatte Dal Piva erst ein paar Tage später begriffen: und erst am 30. Mai 1972 war sie zur Polizei gegangen. Das bei dieser Gelegenheit aufgesetzte Untersuchungsprotokoll enthält, abgesehen von einer groben Beschreibung der Bekleidung des Mannes (die der des Schützen entspricht), eine sehr detaillierte Schilderung der Kleidung, die die Frau am Steuer des blauen 125ers trug:

»Sie war schwarz angezogen: genauer gesagt, trug sie eine schwarze Hose (ich kann mich nicht erinnern, ob aus Cord oder aus einem anderen Stoff), ein Jäckchen ohne Ärmel und ohne Kragen, das bis zu den Schenkeln reichte; unter dem Jäckchen schauten die Ärmel eines Kleidungsstücks roter Farbe hervor, von dem ich nicht näher sagen kann, ob es eine Bluse oder ein leichter Pullover war. Als nähere Angabe zu dem oben Gesagten fällt mir noch ein, daß das Jäckchen etwas kürzer war, als es der Körperbau der Frau verlangt hätte; tatsächlich fiel die Rundung als eines der auffälligsten Merkmale der Frau dem Beobachter ins Auge, zumindest von hinten gesehen.«

Und sie hatte hinzugefügt:

»Bei der Beschreibung des Mädchens vergaß ich, die Länge und Farbe ihrer Haare anzugeben: sie reichten bis zur Schulter, mir scheint, sie lagen auf den Schultern auf, die Farbe war goldblond (es war nicht das Blond einer blassen Person, es war ein wärmeres Blond).«

Die zwei seien in einen Alfa Giulia eingestiegen, in dem ein Mann am Steuer auf sie wartete. Die Frau habe sich neben ihn gesetzt; ihr Begleiter auf den Rücksitz. Als sie einen Polizeiwagen herannahen hörten, sei der Giulia davongefahren. Vor dem Wegfahren habe die Frau »einen runden Spiegel in die Hand genommen und beim Hineinschauen sprach sie einige Sätze, von denen ich«, sagt Dal Piva, »deutlich die folgenden wörtlichen Ausdrücke vernahm: ›Dummkopf, rühr dich nicht... geh (oder steh) gerade... wir decken dich (oder holen dich oder begleiten dich).‹ Während die Frau – ich sage es noch mal – in ziemlich aufrechter und vollkommen geradeaus gerichteter Haltung saß, schaute sie in den Spiegel und sprach diese Worte aus, ohne das Gesicht zu drehen, weder nach links noch nach hinten, so daß ich nicht verstand, an welchen ihrer Begleiter sie sich richtete; ich hatte vielmehr den Verdacht, sie spreche mit jemand außerhalb des Autos über ein im Spiegel verstecktes Funkgerät. Dabei hatte ich die Gelegenheit, die Frau von der Seite her anzusehen: sie hatte eine ziemlich runde Wange, das heißt man konnte ahnen, daß es keine magere Frau war, eine ebenmäßige Nase. Die zu mir gewandte Wange war nicht von Haaren verdeckt. Ich kam auch noch dazu, die rechte Wange zu sehen... Was mir an der Frau am meisten auffiel, war ihr Gang, den ich nicht beschreiben könnte, aber wiedererkennen würde.«

Als Dal Piva achtzehn Jahre später als Zeugin geladen wird, sagt sie, sie könne sich an recht wenig erinnern: das Auto, das mit hoher Geschwindigkeit anbraust, die zwei Personen, die aussteigen, »eine... ein wenig mollig, sagen wir, und die aussah wie eine Frau (denn ihr Gesicht habe ich nicht gesehen), und ein anderer ist ausgestiegen... mager, groß«. Dann aber, so wie ihr das alte Protokoll vorgelesen wird, bestätigt sie nach und nach fast alles. Sie erinnert sich überhaupt nicht an die vor dem Spiegel ausgesprochenen Worte; im Rückblick scheint sie die Szene auf banalere Art zu interpretieren (»ich dachte, sie sei sich am Schminken«). Sie bestätigt allerdings den damals gewonnenen Eindruck von der weiblichen Identität des »Molligen«, die vom Vorsitzenden wiederholt in Zweifel gezogen wird: »Wie können Sie das von hinten unterscheiden?« »Von hinten, sah sie aus wie eine Frau... und sie war ziemlich schlecht gebaut, also, mollig und klein.« Die Haare, fügt sie hinzu, hatten ihr den Gedanken an eine Perücke nahegelegt (*Verhandl.*, S. 945–58).

Die pittoreske Mutmaßung über das im Spiegel versteckte Funkgerät ist von der eigentlichen Zeugenaussage zu unterscheiden: schwerlich wird man annehmen, die von Dal Piva gesehene und derart minuziös beschriebene Person sei ein Mann und nicht eine Frau gewesen. Antonio Zanicchi, der sich im Moment des Attentats in der Via Cherubini befand, ließ sich hingegen von einem zu erwartenden Stereotyp dazu verleiten, den ersten, unreflektierten Eindruck zu verdrängen (*Verhandl.*, S. 901). Gesehen hatte er »durch die Scheibe [des 125ers], weil ich dort war... das sah so aus, als habe er eine Perücke oder als sei er jedenfalls blond, und mir fiel seine Art auf, wie er es machte und davonfuhr, und da sagte ich mir: ›Das ist keine Frau, weil der so geschickt fährt‹... und das waren Sachen, die eher für... die ein Mann machen konnte, eher als eine Frau...« Auch einem anderen Zeugen, Luciano Gnappi (20. Februar 1990; *Verhandl.*, S. 1673), waren beim Betrachten der Person am Steuer des blauen 125er Zweifel gekommen. Er bemerkte »die langen Haare: so daß ich fast das Gefühl hatte, es sei eine Frau, aber dann sagte ich... in diesen Zeiten, da gab es ja schon Langhaarige, weshalb es eben auch ein Mann mit langen Haaren sein konnte«. Aber als Antwort auf Anwalt Gentili, der ihn in der Verhandlung fragt, ob die langen Haare des Fahrers »glatter und langer Art waren oder struppig«, stellt Gnappi klar: »Nein... struppig, das schließe ich aus. Sie waren lang und ein wenig gewellt, nach Art, weiß nicht, einer Dame, fast... [(*Anm. des Transkribenten: Tonstärke zu schwach*] etwas glatter, zumindest meiner Meinung nach.«

Welche Implikationen die von Anwalt Gentili gestellte Frage aufwirft, liegt auf der Hand. Marino hatte, und hat, langes und dichtes Haar: »struppig, einfach«, wie er es selbst bezeichnete (10. Januar 1990; *Verhandl.*, S. 127–128). Wenn es möglich wäre, ihn mit der von vielen Augenzeugen gesehenen oder vermuteten Frau zu identifizieren, hätte seine Version Bestand, wenn auch auf wackligen Füßen: Es wäre nämlich nicht zu verstehen, warum er über die während des Anschlags aufgesetzte Perücke nie ein Wort verlor. Wenn aber am Steuer des blauen 125ers tatsächlich eine Frau saß, dann fällt Marinos Version in sich zusammen. (Es lohnt sich, daran zu erinnern, daß eine Frau, Gudrun Kies, in Haft gehalten wurde unter dem Verdacht, den Wagen der Attentäter gefahren zu haben, obwohl sie nicht einmal einen Führerschein hatte). Im Ermittlungsverfahren erklärte Marino:

»Ich las auch in den Zeitungen von der Beteiligung einer Frau mit blonden Haaren an dem Anschlag oder einer Person mit ähnlicher Perücke, aber das ist absolut auszuschließen, da weder ich noch Enrico [d. h. Bompressi] Perücken hatten und Enrico keine blonden, langen Haare hatte. Ich erinnere mich, beim Lesen dieser Nachrichten gedacht zu haben, die Polizei habe sie absichtlich in falscher Form verbreitet, um uns über den Fortgang der Ermittlungen im Unklaren zu lassen« (25. Juli 1988; *Ermittl.*, S. 23).

Wir wissen, daß dieser letzte Umstand nicht der Wahrheit entspricht. Warum sollte Marinos Version mehr Gewicht haben als alle zitierten Zeugenaussagen zusammen?

Man kann noch nachtragen, daß in dem beim Anschlag benutzten blauen 125er, abgesehen von einem schwarzen, faltbaren Regenschirm, eine billige Frauensonnenbrille gefunden wurde: beides unbekannter Herkunft. Marino, der sich weder an das eine noch an das andere erinnern konnte, schloß im Ermittlungsverfahren nicht aus, daß es sich bei der Brille um diejenige handelte, die er von Luigi (dem mysteriösen Komplizen) erhalten und dann in das Reverstäschchen der Jacke gesteckt habe. Er sagte aber (und bestätigte in der Verhandlung), deren Aussehen vergessen zu haben: »Ich kann mich nicht genau an die Machart dieser Brille erinnern, auch weil ich sie eben, wie gesagt, gar nicht benutzte. Ich steckte sie in die Tasche, und dann benutzte ich sie gar nicht, weshalb ich mich überhaupt nicht erinnere, wie...« (10. Januar 1990; *Verhandl.*, S. 103). Eine seltsame Gedächtnislücke, handelte es sich doch um eine »auffällig weibliche« Sonnenbrille (aus einem von Anwalt Gentili zitierten, unter den Akten befindlichen Polizeiprotokoll: *Verhandl.*, S. 313).

f. *Der Taschenschirm.* Bei den nach der Ermordung Calabresis angestellten Ermittlungen stellte sich heraus, daß ein Schirm wie der in dem blauen 125 vorgefundene vier Tage zuvor, am Nachmittag des 13. Mai, in einem Standa-Kaufhaus verkauft worden war. Die Verkäuferin erinnerte sich gut an die Person, die sich, bevor sie ihn kaufte, die Funktionsweise des Schirms erklären ließ (des einzigen an diesem Tag verkauften). Ein sogleich auf breiter Basis verbreitetes *Identikit* war aufgrund der Beschreibung der Verkäuferin erstellt worden:

»Er war ungefähr 1,75 m groß; zierlicher Körperbau; glatte, blonde Haare, nach hinten gekämmt, der Schopf in der Mitte etwas stärker rötlich als die übrigen Haare; rosige Gesichtsfarbe; längliches Gesicht; dünne Lippen; leicht abstehende Ohren; er trug einen dunklen Anzug; er sprach Italienisch mit ausländischem Akzent... wobei ich nicht die Nationalität angeben kann. Ich hatte den Eindruck, daß der Haarschopf und die übrigen Haare gefärbt waren.«

Dieses letzte Detail, wie auch jenes der »nach hinten gekämmten« Haare, spielten in dem von Marinos Geständnis ausgelösten Prozeß eine wichtige Rolle. Marino behauptete, mit Laura Vigliardi Paravia am 20. Mai nach Massa gefahren zu sein, wo er von Sofri vor der Kundgebung (der ersten nach dem Mord an Calabresi) rasche Glückwünsche für die geleistete Arbeit erhalten habe. Bei der selben Gelegenheit habe Marino bemerkt,

»daß Bompressi die Frisur etwas geändert hatte (die Art, die Haare zu tragen)... und er hatte sie auch ein wenig, sagen wir, etwas gebleicht, im Verhältnis zu sonst... wie einer der eben erst beim Friseur war und der, na ja, eine andere Art hat, die Haare zu tragen, als er sie sonst hat, einfach... [Laura Vigliardi Paravia] sagte zu mir...: ›Hast du gesehen, wie er sich die Haare zugerichtet hat? Auf diese Weise hat er noch mehr Ähnlichkeit mit dem Identikit, also‹« (*Verhandl.,* S. 125).

Aber die Aussage Marinos sowie die damit übereinstimmende von Antonia Bistolfi sind absolut unwahrscheinlich: und das nicht nur, weil die vermeintliche Bleichung von Bompressis Haaren sowohl seinen Freunden in Massa als auch Polizeikommissar Costantino entgangen war (*Verhandl.,* S. 1284, 1293, 1302, 1357 usw.). Die Sache ist die, daß der Käufer des Schirms und der Schütze (was deutlich aus den Beschreibungen der Augenzeugen hervorgeht) zwei verschiedene Personen waren; ihre unterschiedliche Identität wurde von der Polizei anerkannt, so daß denn sogar zwei verschiedene Identikits angefertigt wurden (genauer gesagt, ein Photokit und ein Identikit); die Sache mit den gebleichten Haaren bezog sich auf den Käufer des Regenschirms, nicht auf den Schützen; doch am Nachmittag des 13. Mai konnte Bompressi (der, abgesehen davon, daß er viel größer ist als der unbekannte Käufer des Regenschirms, die Regionalsprache von Massa spricht und nicht Italienisch mit ausländischem Akzent) nicht einen Regenschirm in Mailand kaufen, da er sich auf einer Kundgebung Sofris in Pisa befand.

Wie gesehen, enthält die von Marino gelieferte Version von der Ermordung Calabresis eine ganze Reihe unwahrscheinlicher oder unakzeptabler Aussagen. Das Versehen bei der Farbe des Wagens kann sicher als »kleiner Fehler« bezeichnet werden, wie es Untersuchungsrichter Lombardi tut. Sobald wir aber zu dem Zusammenstoß mit dem Wagen Musiccos kommen, zu dem Schützen, der aus dem Wagen steigt, anstatt vor Calabresis Haus zu warten, zu den (natürlichen oder künstlichen) blonden Haaren des Fahrers oder der Fahrerin des blauen 125ers, können wir nicht mehr von Fehlern sprechen, weder von großen noch von kleinen. Wir müssen daraus schließen, daß Marino aller Wahrscheinlichkeit nach zur Ermordung Calabresis die Unwahrheit sagt.

XVI   Ich weiß nicht, was Marino dazu veranlaßt hat, die Unwahrheit zu sagen. Aber die psychologischen Hintergründe seiner Lügen scheinen mir an diesem Ort völlig irrelevant. Ich weiß sehr wohl, daß Schlußanträge von Staatsanwälten, Plädoyers von Verteidigern und Urteile aller Arten und Instanzen ein Übermaß an psychologischen Interpretationen meist übelster Machart enthalten. Solche Art von Psychologie (die sogar die Historiker sich bereits genieren anzuwenden) sollte aber aus den Gerichtssälen verbannt werden. Sie nährt unanfechtbare Argumentationsketten, die es erlauben, alles zu behaupten und auch das Gegenteil davon.

Nehmen wir den Fall Marino. Der Eröffnungsbeschluß von Richter Lombardi betonte, wie bereits gesagt, die tiefe Abscheu Marinos gegen die begangenen Verbrechen, die Aufrichtigkeit seiner Reue, sein »ethisches Verständnis«. Lombardis Prosa ist rhetorisch und leer; der Versuch, aus Marino eine Art Raskolnikov zu machen, lächerlich. Die Ausdrücke, die Marino benutzt, um die eigenen Gewissensbisse zu beschreiben, sind plump und stereotyp: und zwar nicht nur im Untersuchungsverfahren, aus dem sie durch einen bürokratischen Filter verzerrt zu uns gelangen, sondern in den mündlichen Verhandlungen selbst. Und dennoch, welchen Wert kann diese Einschätzung von Falschheit haben? Keinen. Die psychologischen Intuitionen haben, ebenso wie das von Staatsanwalt Pomarici in seinen Schlußanträgen schamlos heraufbeschworene »hautnahe Gespür«, keinerlei Beweiskraft.[56] Ein ganz anderes Gewicht haben die Fehler, die Widersprüche, die Unwahrscheinlichkeiten, von denen Marinos Darstellung gespickt ist.

Wie gesagt, geht während der mündlichen Verhandlung die offizielle Version von Marinos Reue in die Brüche. Vor Abschluß des Prozesses unterzieht der Vorsitzende Marino einer letzten Vernehmung, wobei er ihn auffordert, sich endlich ehrlich auszudrücken. Warum hat er über seine Zusammenkünfte mit den Carabinieri geschwiegen? Was hat ihn dazu gebracht, zu bereuen? Man kommt wieder auf Marinos Treffen mit dem Pfarrer von Bocca di Magra zu sprechen, von dem zu Beginn des Prozesses die Rede war. Es wird wieder über die Drohungen gesprochen, die Marino zunächst ungenannten ehemaligen Kampfgefährten terroristischer Aktionen unterstellte und dann einem Mißverständnis des Pfarrers. Nun, nach langem Hin und Her und diversen Abschweifungen kommt eine dritte Version ans Tageslicht. Hier ist sie.

Marino fährt regelmäßig nach Turin, wo seine Mutter und die Schwestern leben. In den ersten Monaten des Jahres '87 hatte er in einer Bar, einem Stammlokal früherer Genossen, Renzo Marauda getroffen, der ihm einen Überfall auf den Rai-Hauptsitz Turin [staatliche Rundfunk- und Fernsehanstalt] vorschlug, wo er als Bote arbeitete (S. 2159). Im Untersuchungsverfahren hatte Marino den Plan und sein Scheitern bereits minuziös beschrieben. Die vorgesehene Beute betrug an die 800 Millionen Lire. Marino sollte 100 davon bekommen. Er hatte den Vorschlag Maraudas angenommen, auch weil er »sich zu der Zeit in einer schwierigen finanziellen Lage befand« (*Ermittl.*, S. 29–31). In der Verhandlung erklärte er, daß er von einem Wanderhändler für fünf Millionen einen alten Lieferwagen gekauft hatte, den er in Raten abbezahlte. Im Sommer 1987 hatte er Crêpes verkauft: aber gegen August hin hatte die Stadtpolizei angefangen, ihn mit Bußgeldern zu belegen, weil er den Lieferwagen in der grünen Zone aufstellte, im Parkverbot. Auch im darauffolgenden Winter hatte er Crêpes verkauft; manchmal war er mit dem Wagen in die umliegenden Orte gefahren, wo Markttag war. Marauda war einmal, vielleicht auch zweimal (im Frühjahr 1988, er weiß nicht mehr wann) nach Bocca di Magra gekommen, um ihm vorzuschlagen, den fehlgeschlagenen Überfall auf die Rai zu wiederholen. Marino hatte nicht ausdrücklich nein gesagt; aber der Versuch des vorherigen Jahres hatte in ihm ein Gefühl der Angst hinterlassen; er hatte jetzt Kinder, er fühlte sich zu alt für solche Dinge. Eines Tages kam ein Polizist und sagte ihm, er dürfe mit dem Lieferwagen nicht dort stehen: »Wenn du dich weiterhin hierherstellst, müssen wir es dem Amtsrichter melden.« Also die ließen ihn einfach

84

nicht arbeiten. Zur selben Zeit hatte sein Vermieter für die zwei Monate der touristischen Hochsaison einen Luxuspreis von ihm verlangt (zwei Millionen und 600 tausend Lire insgesamt). Er hatte mit der Zwangsräumung gedroht, falls er nicht zahlte; er hatte ihm auch einen Anwalt hingeschickt.

»Ich erklärte ihm«, sagt Marino, »daß ich nicht die Absicht hatte zu zahlen, und daß ich ohnehin nicht das Geld dafür hatte, weshalb er nicht... er solle einfach machen, was er wolle. So, diese zwei Dinge da, das sind zwei Dinge, die fast gleichzeitig passierten, also, in den Tagen da, also. So, das war es, was ich vorher sagen wollte, als ich sagte, daß es für mich schwierig ist zu erzählen, was dann in meinem Kopf passierte, daß ich eine solche Entscheidung traf. Ich weiß noch, daß ich an dem Morgen nicht wußte, na ja, was tun, in dem Sinn, daß ich... weshalb, nichts... Ich nahm den Wagen und fuhr den ganzen Vormittag herum... ich wußte nicht, an wen ich mich wenden sollte und an einem bestimmten Punkt befand ich mich vor der Kaserne der Carabinieri und ging hinein und von dem Moment an, so, fing ich an zu...« (*Verhandl.*, S. 2164−65).

Philosophen, Dichter und Romanciers haben uns gelehrt, daß das Herz von Beweggründen geleitet wird, die der Verstand nicht kennt; daß das menschliche Gemüt oft Gegensätzliches umschließt; daß kapitale Entscheidungen zuweilen abrupt getroffen werden, nach einer dumpfen oder gar unbewußten inneren Qual. Marinos Schilderung ist absurd: und deshalb psychologisch plausibel. Niemand aber kann entscheiden, ob sie wahr ist, ein bißchen wahr und ein bißchen falsch oder aber völlig falsch. In dem Augenblick, in dem ich diese Zeilen schreibe (10. November 1990), hat die Urteilsbegründung, die innerhalb von sechzig Tagen nach der Verkündung hätte veröffentlicht werden müssen, noch immer keine konkrete Gestalt angenommen. Ich kann mir ihren Verfasser vorstellen, der für diese skandalöse Verspätung verantwortlich ist, wie er um den eben zitierten Passus ein psychologisches Bild von Marino zeichnet. An Stelle des Elaborats von *Schuld und Sühne,* das uns Lombardi verabreicht hat, bekommen wir vielleicht eine Überarbeitung des *Fremden* von Camus zu lesen. Doch Plausibilität (einschließlich der psychologischen Plausibilität des Absurden) ist nicht Wahrheit. Was ging Marino in dem Moment durch den Sinn, als er seinem Bericht zufolge zum ersten Mal die Carabinieri-Kaserne von Ameglia betrat? Gewissensbisse, Rachsucht, Erwartungen materieller Vorteile – wer kann das sagen?

»Wenn Sie letztendlich«, hatte der Vorsitzende zu Beginn der Verhandlungen gefragt, »zu Geld gekommen wären, hätten Sie dann Ihr Leben so weitergeführt und hätten Ihr Gewissen ein bißchen beruhigt, oder nicht?« (*Verhandl.*, S. 28).

Fast drei Monate später kommt Marinos Antwort:

»… wenn man mich fragt, ob ich in einer anderen Lage nicht […] den Beschluß gefaßt hätte, zu gestehen, so antworte ich ganz gelassen, daß ich es nicht weiß, möglicherweise nicht, vielleicht aber doch: und da kann ich jetzt keine Bestätigung geben, im Sinne daß, hätte ich die Lotteria Italia gewonnen und wäre Milliardär geworden, ich dieses Bedürfnis vielleicht nicht verspürt hätte, oder ich hätte es doch verspürt, das kann ich nicht sagen« (*Verhandl.*, S. 2178).

Angst, Drohungen, Versuche, Marauda mit hineinzuziehen: der Vorsitzende versuchte zum x-ten Mal, diesen Wirrwarr zu entflechten.

Marino: »… ich weiß nicht, was Sie meinen: aber wenn Sie damit sagen wollen, daß ich – sagen wir so – mich entschlossen habe zu gestehen, nicht aus einem Gewissensbiß, sondern aus anderen Gründen, dann ist das…«

Vorsitzender: »Nein, nein… das sage ich nicht« (*Verhandl.*, S. 2177).

XVII   Aller Wahrscheinlichkeit nach lügt Marino; ganz sicher wurde Marino Glauben geschenkt. Der Prozeß gegen Adriano Sofri und die Mitangeklagten endete in erster Instanz mit einem Justizirrtum. Ich sage Irrtum, denn um von Vorsatz zu sprechen (der in diesem Fall notwendigerweise auch ein Komplott voraussetzen würde), braucht es sichere Beweise. Die habe ich nicht. Aber daran, daß erst die Ermittler und dann die Richter des Mailänder Schwurgerichts von den verlogenen Geständnissen Marinos auf Abwege gebracht worden und einem Irrtum erlegen sind, kann meiner Meinung nach kein Zweifel bestehen.

Irren ist bekanntlich menschlich. Aber für einen Richter, wie für jeden, der beruflich mit der Suche nach der Wahrheit zu tun hat, ist der Irrtum nicht nur ein Risiko: er ist eine Dimension, in der man sich ständig befindet. Die menschliche Erkenntnis ist nicht nur an und für sich fehlbar: sie entwickelt sich durch den Irrtum weiter, durch Versuche, Fehler, Selbstverbesserungen. Irrtum und Wahrheit bedingen sich gegenseitig wie Schatten und Licht. Nun, nicht alle Irrtümer haben die gleichen Folgen. Es gibt katastrophale Irrtümer, harmlose Irrtümer, förderliche Irrtümer. Im Bereich der Rechtsprechung jedoch gibt es diese letztgenannte Möglichkeit nicht. Der Justizirrtum setzt sich, auch wenn er revidiert werden kann, stets in einen glatten Verlust für die Justiz um.

Ich rufe diese Selbstverständlichkeiten in Erinnerung, um die Implikationen des in einem vorangegangenen Kapitel angestellten Vergleichs zwischen der Haltung des Vorsitzenden Minale einigen Zeugen gegenüber und der Haltung gewisser Inquisitoren in den Hexenprozessen klarzustellen. Die Inquisition als Institution widert mich an – ein Urteil, das von der intellektuellen und moralischen Figur ihrer Funktionsträger absieht. Es ist zu vermuten, daß sich unter ihnen gewissenhafte, intelligente, grausame, stupide usw. Individuen befanden (Eigenschaften, die oft zu gleichen oder unterschiedlichen Zeiten nebeneinander in ein und derselben Person bestehen). Doch fast zwei Jahrhunderte lang steht dieser vermutlichen Vielfalt individueller Haltungen offenbar die generelle Tendenz entgegen, beim Herangehen an Fälle von Hexerei von kaum zu widerlegenden Hypothesen auszugehen. Die dämonologische Literatur lehrte zum Beispiel, daß eine vermeintliche Hexe, wenn sie ein Geständnis ablegte, schuldig war; wenn sie trotz der Folter schwieg, tat sie dies dank eines Zaubers (des sogenannten *maleficium taciturnitatis*); wenn sie abstritt, log sie, da vom Teufel verführt, dem Vater aller Lüge. Argumentationen wie diese setzten von Fall zu Fall die Schuld oder die Unschuld voraus, anstatt zu versuchen, sie zu belegen. Mit aller Wahrscheinlichkeit führten sie letzten Endes dazu, den Hang vieler Inquisitoren zu verstärken, die eigene Macht einzusetzen, um – meistens in absolut bestem Glauben – die Geständnisse der Angeklagten in vorgefaßte Schemen zu pressen oder zu drängen.

Je mehr man sich der Widerlegung entzieht, desto eher ist man dem Irrtum ausgesetzt. Dieser banale Zusammenhang springt jedem ins Auge, der heute den Großteil der in Europa zwischen dem 15. und 17. Jahrhundert abgehaltenen Hexenprozesse nachliest. Die um 1620 formulierte, ungeschönte, rückblickende Einschätzung in der bereits erwähnten *Instructio pro formandis processibus in causis strigum* setzte eine derartige Überlegung voraus. Den Inquisitoren der peripheren Tribunale verlangte der anonyme Verfasser jenes Texts – gewiß jemand aus dem Umkreis der Römischen Kongregation des Heiligen Offiziums – Beweise ab: Glaubwürdigkeitsnachweise, würden wir heute sagen.

Auch der Eröffnungsbeschluß von Richter Lombardi spricht von einer »enormen Menge von Glaubwürdigkeitsnachweisen, die im Laufe der Ermittlung erlangt wurden«, und die es erlauben, »mit beruhigendem Gewissen ein Urteil vollkommener Vertrauenswürdigkeit über Marinos Erklärungen abzugeben«. Aber diese »Vertrauenswürdigkeit«, fährt der Eröffnungsbeschluß fort (und das ist der Punkt), ist auszudehnen auch auf den »Teil, in dem er [Marino] Dinge mitteilt, für die sich kein sonstiger Nachweis finden läßt«. Bevor wir uns ansehen, nach welchem Prinzip diese Behauptung gerechtfertigt wird, ist hervorzuheben, daß die »mitgeteilten Dinge«, auf die angespielt wird, entscheidende Elemente des Anklagegebäudes betreffen. Darunter ist auch alles, was sich auf die Gespräche mit den vermeintlichen Auftraggebern bezieht. Marino behauptet nämlich, er habe mit ihnen unter vier Augen gesprochen, ohne Zeugen: mit Pietrostefani mehrmals in Turin, mit Sofri in Pisa, gleich nach der von ihm abgehaltenen Kundgebung am 13. Mai 1972, auf dem Bürgersteig gegenüber einer Bar. Dieser letztgenannte Umstand wird dann in der Verhandlung von zahlreichen Zeugen entschieden ausgeschlossen, darunter von Guelfo Guelfi, einem Aktivisten von Lotta Continua, der nach dem Ende der Kundgebung und der kurzen Diskussion über die Zweckmäßigkeit, die Gedenktafel für Franco Serantini sofort anzubringen, mit Sofri im Auto zu einem gemeinsamen Freund fuhr, zu Soriano Ceccanti (*Verhandl.*, S. 1516−20). Guelfi ist ein Freund Sofris: ist das Grund genug, sich für Marinos Wort zu entscheiden und gegen das Guelfis?

Der Eröffnungsbeschluß fährt so fort: »Auch diese Angaben [für die es keine sonstigen Nachweise gibt] sind als ausreichende Beweisquellen zu Lasten der davon betroffenen Angeklagten anzusehen; sie reihen sich nämlich in logischer wie in chronologischer Hinsicht angemessen in die bis hierhin gezeichnete, an Nachweisen reiche Beweisführung ein.« Dies befinde sich »in voller Übereinstimmung mit den derzeitigen Ausrichtungen der Rechtsprechung, die für die Belastung der Tatbeteiligten eine konkrete Bestätigung oder zumindest einen Nachweis der Folgerichtigkeit der Aussagen in sich erfordert, auch wenn sie zu unterschiedlichen Zeiten gemacht werden«. An dieser Stelle sieht der Eröffnungsbeschluß einen möglichen Einwand voraus: »Es trifft sicherlich zu, was in der Rechtsprechung gemeinhin bezüglich des sogenannten Trugschlusses der Verallgemeinerung festgestellt wird, wonach die Wahrhaftigkeit der zu einigen Punkten überprüften Aussagen sich nicht automatisch auf alle anderen Punkte erstreckt.« Dennoch ist diese Einräumung nur eine scheinbare: »es gilt aber auch als gesicherter Grundsatz«, fährt der Eröffnungsbeschluß nämlich fort, »daß die Einschätzung der Vertrauenswürdigkeit der Aussagen *global vorzunehmen* ist; sie wirkt sich somit auf den Gesamtumfang des den Richtern zur Prüfung vorgelegten Materials aus, sofern es sich um einen Fall *mit immanent einheitlichen und logisch untrennbaren Konnotationen* handelt.«

Was die von mir kursiv gesetzten Wörter eigentlich bedeuten sollen, ist nicht ganz klar. Aber Richter Lombardi erläutert sie sogleich:

»Das soll heißen, wenn jemand als wahr gesicherte Aussagen zu drei Vorfällen macht, die einer oder mehreren Personen anzulasten sind, dann bedeutet dies nicht automatisch, daß er auch zu einem vierten Vorfall die Wahrheit sagt, der ganz anders liegt und mit den ersten drei nicht in Verbindung zu bringen ist, und denselben oder anderen Personen zugeschrieben wird; wenn ein Angeklagter hingegen Aussagen zu einem Fall mit einheitlichen Konnotationen macht, so erstreckt sich die Wirkung der für einige der besonderen Tatbestände festgestellten, sonstigen Glaubwürdigkeitsnachweise auch auf die anderen Tatbestände, die für die ersten Voraussetzung oder unausweichliche Folge waren.«

Der »Fall mit immanent einheitlichen Konnotationen« ist zu einem »Fall mit einheitlichen Konnotationen« geworden; der Ausdruck »logisch untrennbar« bezieht sich jetzt auf Tatbestände, die »Voraussetzung oder unausweichliche Folge« anderer Tatbestände sind. Wir befinden uns, wie jedermann erkennen kann, auf der Ebene der reinsten, der unverfrorensten Tautologie. Hinter diesen wortgewaltigen Wiederholungen verbergen sich allerdings Behauptungen, die sehr konkrete Folgen haben.

Der Ausdruck »logisch untrennbar«, der auf den »Fall mit immanent einheitlichen Konnotationen« folgt, spielt wahrscheinlich auf den sogenannten Schlüssigkeitsbeweis an, auf den gleich darauf im Eröffnungsbeschluß hingewiesen wird. Dieser Nachweis wird folgendermaßen definiert: Bei der Denunziation der Mittäter muß das, was berichtet wird, »vereinbar sein mit den bereits gewonnenen allgemeinen Erkenntnissen, sei es in Hinblick auf die verbrecherischen Vorkommnisse, um die es geht, sei es hinsichtlich der normalen Reaktionen im Verhalten der in jene Art von Vorfällen verwickelten Personen« (Eröffnungsbeschluß, S. 107–8).[57] Das bedeutet im vorliegenden Fall, daß wenn 1. die Überfälle, an denen Marino behauptet, beteiligt gewesen zu sein, nachgewiesen sind; wenn 2. ein Teil derselben, laut Marino, im Auftrag des sogenannten illegalen Ablegers von Lotta Continua organisiert wurde; dann können 3. die Geständnisse Marinos über die von der sogenannten Leitung beschlossene Verurteilung Calabresis zum Tode und 4. über die von Pietrostefani und von Sofri eingenommene Rolle als Anstifter akzeptiert werden, auch wenn sonstige Nachweise fehlen.

Auf dieser Linie bewegt sich, wenn ich nicht irre, ein Kommentar des Mailänder Staatsanwalts Armando Spataro zu dem vom Mailänder Schwurgericht erlassenen Urteil erster Instanz. Es handelt sich um ein in der Zeitschrift ›Società civile‹ (Juni 1990) erschienenes Interview. Spataro erinnert sich, den Prozeß aus der Nähe verfolgt zu haben, wobei er an einer Reihe von Vernehmungen teilgenommen und die von seinem Amt und von Oberstaatsanwalt Borrelli getroffenen Entscheidungen geteilt habe. Es handelt sich bei dem seinen also um einen besonders maßgebenden Kommentar. Spataro betont »das Ergebnis der Nachforschung über jenes Gebirgs- oder Hügelgebiet im Piemont, in dem laut Marino die Untergrundabteilung von Lotta Continua ihre Schießübungen abhielt«. Spataro behauptet, der alte Besitzer eines verlassenen Hofs, dem er von der Zeugenaussage Marinos berichtete,

»erzählte, zur damaligen Zeit auf den Mauern aufgezeichnete Pappkameraden mit den Spuren von Feuerwaffen darauf vorgefunden zu haben… Es könnte als ein nebensächlicher Nachweis erscheinen. Er ist aber vielmehr grundlegend. Weil er die Existenz einer Untergrundabteilung von Lotta Continua unter Beweis stellt. Und weil sich, ist die Beteiligung von Marino und Bompressi an dem Mord erst einmal erwiesen, daraus ergibt, daß die Verantwortung für das Verbrechen auf eine eigene, politisch geführte Organisation zurückfällt. Und weshalb hat sich im übrigen die Verteidigung der anderen Angeklagten darauf konzentriert, sogar die Verantwortung Marinos zu leugnen? Jeder, der sich mit der Sache befaßt, würde sofort begreifen, daß es sich um eine Notthese, um eine Wahl aus Verzweiflung handelt. Theoretisch wäre es einfacher zu verfechten, daß der eigene Mandant mit der Sache nichts zu tun hat, und zu sagen: Marino wird schon mitgemacht haben, aber wer weiß mit wem. Aber nein. Denn wenn einmal die Mitwirkung Marinos erwiesen ist, leitet sich alles andere daraus ab.«

»Und das wäre?« fragt der Interviewer, Nando Dalla Chiesa. »Daß es unvorstellbar ist – fährt Spataro fort –, daß Marino, Mitglied einer tatsächlich existierenden Untergrundstruktur, im Alleingang, aus freien Stücken den ersten politischen Mord der 70er Jahre begeht und dabei seine Organisation in dieser Weise exponiert. Und schauen Sie, für die Untergrundstruktur von Lotta Continua fehlen die Nachweise wirklich nicht: Unterlagen, Waffen und der ganze Rest.« »Haben wir es da nicht mit einer Verzerrung der Logik zu tun?« fragt Dalla Chiesa. »Überhaupt nicht«, gibt Spataro zurück. »Bedenken Sie, daß die logischen Argumente die unwiderlegbarsten Argumente jeder gerichtlichen Entscheidung sind, nicht nur in diesem Fall, sondern in der alltäglichen Rechtspraxis. Zu sagen, daß zwei plus zwei vier ist, ist legitim, es ist nicht nötig, die vier geschrieben vorzufinden. Und in diesem Fall ist es so gewesen.«

In seiner Antwort, die in der darauffolgenden Nummer derselben Zeitschrift erschien, wies Sofri die Inexistenz der von Spataro angeführten, vermeintlichen »Glaubwürdigkeitsnachweise« nach. In beiden Fällen (denn Spataro verwechselt nachlässig zwei von Marino genannte Orte, Corio im Canavese und einen Hof in der Gegend von Novara[58]) wurde nichts Konkretes gefunden; die vage Erinnerung eines betagten ehemaligen Partners eines früheren Pächters wurde im Gerichtssaal von der Tochter des vormaligen Pächters und von einem Gefreiten der Carabinieri dementiert; usw. usw. Diese Klarstellungen sind tatsächlich wichtig. Ich möchte aber eher auf Fragen der Methode bestehen. Auch weil die Art der Argumentation des Staatsanwalts diejenige des Untersuchungsrichters und (wenn auch mit Schwankungen) die des Schwurgerichtspräsidenten widerspiegelt.

Entledigen wir uns gleich der Verlockung des »zwei plus zwei gleich vier«. Das ist völlig unangebracht. Während »vier« *notwendigerweise* auf »zwei plus zwei« folgt (und in diesem Sinne braucht man es nicht schriftlich vorzufinden), spricht der sogenannte Schlüssigkeitsbeweis von *Vereinbarkeit* (»vereinbar mit den bereits gewonnenen allgemeinen Erkenntnissen usw.«). Auch ein Kind begreift den Unterschied; vielleicht sollte ihn auch ein Staatsanwalt begreifen.

Ist es denn aber legitim, die fehlenden sonstigen Nachweise zum Verhalten einer Person nicht durch belegte, sondern lediglich durch solche Daten zu ersetzen, die mit den tatsächlichen Feststellungen *vereinbar* sind? Wir müssen zwischen politischer Legitimität und logischer Legitimität unterscheiden. Fangen wir mit ersterer an. Nach Ansicht Nando Dalla Chiesas (dem wir gerade eben in der Gestalt des Interviewers von Staatsanwalt Spataro begegnet sind) unterschätzt, wer den Mißbrauch des »Schlüssigkeitsbeweises« anprangert, den Ernst der Lage, die von dem zunehmenden, auch politischen Gewicht der organisierten Kriminalität in Italien bestimmt wird.[59] In den Prozessen gegen Mafia und Camorra sei der Rückgriff auf den »Schlüssigkeitsbeweis« durch die Notwendigkeit bedingt, Leuten die Stirn zu bieten, die Beweise zerstören, verbergen oder manipulieren. Diese Argumentation verwundert mich, wenn ich auch keinerlei Zweifel an der entscheidenden Bedeutung des Kampfes gegen die organisierte Kriminalität hege. Auf alle Fälle ist es eine Argumentation, die sich nicht auf einen Prozeß ganz anderer Art ausdehnen läßt, wie den gegen die vermeintlichen Mörder Calabresis. In ihm haben gleichzeitig der »Schlüssigkeitsbeweis« und die Vernichtung der konkreten Beweisstücke Urstände gefeiert (die Kleidung des Opfers, das von den Attentätern benutzte Auto, die tödliche Kugel): eine nicht eigentlich den Angeklagten anzulastende Vernichtung.

Versuchen wir nun, die oben gestellte Frage (Integration der sonstigen Nachweise auf der Grundlage kompatibler Daten) unter dem Gesichtspunkt der Logik zu beantworten. Damit kehren wir zur Fragestellung zurück, von der wir ausgegangen waren: der nach den Beziehungen zwischen Richter und Historiker. Die Antwort liegt trotz des Anscheins keineswegs auf der Hand.

XVIII   Richter und Historiker – hatten wir gesagt – teilen die Überzeugung, »aufgrund bestimmter Regeln nachweisen zu können, daß $x\,y$ getan hat: wobei x ebenso den womöglich anonymen Protagonisten eines historischen Ereignisses bezeichnen kann wie das Subjekt eines Strafverfahrens und y irgendeine Handlung«.[60] Es handelt sich allerdings um eine nur abstrakt gültige Übereinstimmung: wer die gegenwärtige und die vergangene Arbeitsweise beider untersucht, stößt auf einen starken Unterschied. Lange Zeit nämlich befaßten sich die Historiker fast ausschließlich mit politischen und militärischen Ereignissen: mit Staaten, nicht mit Einzelpersonen. Und Staaten lassen sich im Unterschied zu Einzelpersonen nicht strafrechtlich verfolgen.

Auch das Studium der Lebensgeschichten von Individuen geht auf die alten Griechen zurück. In der in Harvard 1968 gehaltenen Vorlesungsreihe, die dann mit dem Titel *The development of Greek biography* veröffentlicht wurde, wies Momigliano ausdrücklich auf die Unterscheidung zwischen den zwei Literaturgattungen Geschichte und Biographie hin.[61] Diese hielt lange an. Man kann die Biographie von Alkibiades, von Cesare Borgia, von Mirabeau schreiben, bemerkte Droysen, der große deutsche Historiker des 19. Jahrhunderts: nicht die von Caesar oder von Friedrich dem Großen. »Der Abenteurer, der erfolglose Mensch, die Randfigur – kommentiert Momigliano – waren die für die Biographie geeigneten Subjekte.«[62] Das Leben derjenigen, die Hegel »welthistorische Individuen« nannte, verschmolz hingegen völlig mit der Weltgeschichte.

Aber das 19. Jahrhundert war nicht nur das Jahrhundert Napoleons. Es war auch das Jahrhundert, das die volle Behauptung des Bürgertums erlebte, die Transformation der europäischen Landgebiete, die unkontrollierte Verstädterung, die ersten Arbeiterkämpfe, die Anfänge der weiblichen Emanzipation. Eine historische Analyse dieser Vorgänge setzte eine Erneuerung des begrifflichen, technischen und stilistischen Handwerkszeugs der traditionellen Historiographie voraus. Doch das, was später Sozialgeschichte genannt werden sollte und die Nachfolge der *histoire des mœurs* des 18. Jahrhunderts antrat, entstand erst nach und nach. Kurioserweise erschien ein frühzeitiges Manifest der Geschichte »von unten«, geschrieben vom Autor des berühmten *Essai sur l'histoire de la formation et du progrès du Tiers Etat* (1850), Augustin Thierry, in Form einer »imaginären Biographie«. Es war eine ganz kurze Abhandlung mit dem Titel *Histoire véritable de Jacques Bonhomme, d'après des documents authentiques* (1820): ein Leben, das des Bauern Jacques, das sich über zwanzig Jahrhunderte hinzieht, von der römischen Invasion bis in die Gegenwart. Es handelte sich natürlich um einen »Scherz«, wenngleich

Thierry durch die Einheit des Protagonisten ein schmerzliches Ergebnis unterstreichen wollte: es wechseln die Herrscher (Römer, Franken, absolutistische Monarchie, Republik, Kaiserreich, konstitutionelle Monarchie); es ändern sich die Herrschaftsformen; aber die Herrschaft über die Bauern bleibt Generation auf Generation unverändert.[63] Dasselbe erzählerische Verfahren wurde von Michelet im ersten Teil von *La Sorcière* (Die Hexe, 1862) übernommen: hier werden die Metamorphosen und das unterirdische Fortbestehen der Hexerei durch eine Frau erzählt, die Hexe, die die Ereignisse mehrerer Jahrhunderte in sich vereint. Daß Michelet sich von Thierry inspirieren ließ, liegt wohl auf der Hand. In beiden Fällen wurde beabsichtigt, über eine symbolische Figur eine Vielzahl vom Elend und von der Unterdrückung niedergehaltener Menschenleben zu würdigen: die Leben derer, die – wie Baudelaire in einem unvergeßlichen Vers schrieb – »n'ont jamais vécu!«.[64] Es war eine Art, auf die Herausforderung eines Romanciers wie Balzac an die Historiker zu reagieren.[65] Die Verquickung von imaginärer Biographie und *documents authentiques* ermöglichte es, in einem Sprung ein dreifaches Hindernis zu überwinden: die Spärlichkeit der Zeugnisse, die Bedeutungslosigkeit des Subjekts (Bauern, Hexen) gegenüber den gängigen Kriterien, das Fehlen stilistischer Modelle. Etwas Ähnliches war bei Aufkommen des Christentums geschehen, als das Auftauchen neuer Menschentypen – Bischöfe, männliche und weibliche Heilige – zur Anpassung der alten biographischen Schemen und zur Erfindung neuer geführt hatte.[66]

Virginia Woolfs *Orlando* (1928) kann als ein Experiment in eine ähnliche, wenn auch nicht analoge Richtung angesehen werden, da das Erfundene darin die historiographische Rekonstruktion überwiegt. Hierbei ist die Hauptfigur, die die Jahrhunderte blendend durchschreitet, mehr denn je eine Randerscheinung – ein Androgyn. Dies bestätigt, daß das erzählerische Verfahren, von dem ich spreche, nicht ein rein technisches Interesse verfolgt: es ist ein bewußter Versuch, das Vorhandensein verborgener historischer Dimensionen zu suggerieren, auch (aber nicht nur) weil sie auf dokumentarischer Ebene schwer zugänglich sind. Eine Vielzahl ausgelöschter, zur Bedeutungslosigkeit verurteilter Leben erfährt eine symbolische Wiedergutmachung in der Darstellung ewiger Figuren.[67]

Es könnte jemand einwenden, daß keines der bisher angeführten Beispiele als typisches Beispiel historiographischer Forschung anzusehen ist: auch *La sorcière* (das heute viele als ein Meisterwerk der Historiographie des 19. Jahrhunderts betrachten) wurde bei seinem Erscheinen in einem bereits vom Positivismus durchsetzten Milieu als eine Art Roman angesehen.[68] Versuchen wir also, einen Schritt in Richtung auf neuere und weniger angefochtene Geschichtsbücher zu gehen.

Eileen Power arbeitete mit Sir John Clapham das Projekt für die erste Ausgabe der *Cambridge Economic History of Europe* aus; viele Jahre lang, bis zu ihrem frühzeitigen Tod (1941), lehrte sie Wirtschaftsgeschichte an der London School of Economics.[69] 1924 veröffentlichte sie *Medieval People:* ein immer noch äußerst lebendiges Buch, das sich auf eingehende Forschungen stützt, obwohl es sich an ein Laienpublikum richtet, und in dem die mittelalterliche Gesellschaft durch eine Reihe von Portraits »sehr einfacher, unbekannter Leute ohne Namen, mit Ausnahme Marco Polos« dargestellt wird. Im Vorwort stellt die Autorin fest, daß häufig »für die Rekonstruktion des Lebens eines ganz einfachen Menschen genausoviel Material vorliegt wie für das Schreiben einer Geschichte Roberts des Normannen oder Philipps von Hainault«.[70] Die These ist provokatorisch, vielleicht auch etwas übertrieben: trotz ihres Geschicks bei der Kombination von Gelehrsamkeit und Vorstellungskraft, bleibt E. Power etwas hinter dem Anspruch zurück. Es ist bezeichnend, daß die zwei Frauen aus der Serie, Madame Eglentyne und die Frau des Ménagiers, zwei sehr unterschiedlichen literarischen Texten entnommen sind, die von männlichen Autoren stammen: von Chaucer und dem *Ménagier de Paris,* dem nicht näher identifizierten Verfasser eines zwischen 1392 und 1394 geschriebenen Anleitungsbuchs für Ehefrauen. Noch bezeichnender ist, daß der Protagonist des ersten Kapitels des Buches, Bodo der Bauer, in Wirklichkeit kaum mehr ist als ein Name, der in dem von Irminon, Abt von Saint-Germain-des-Près zu Zeiten Karls des Großen redigierten Polyptychon (Grundbuch) aufscheint. Wir wissen, daß Bodo eine Frau hatte, Ermentrude, und drei Kinder, Wido, Gerbert und Hildegard; wir verfügen über ein paar Angaben zu dem Land, das er bewirtschaftete. Wie diese nackten Daten wirklichkeitsnah darstellen? E. Power umreißt den Zusammenhang, in dem Bodo lebte: sie erklärt, wie die Arbeit auf den Feldern der Abtei organisiert war; das Verhältnis zwischen herrschaftlichem Land und davon abhängigen Hufen; die Pflichten, die den Bauern auferlegt waren; sie versucht, sich »einen beliebigen Tag seines Lebens vorzustellen. Eines schönen Frühlingsmorgens gegen Ende der Herrschaft Karls des Großen steht Bodo früh auf...« Aber E. Power hält hier nicht inne: Sie versucht auch, Bodos Glaubensvorstellungen zu rekonstruieren, seinen Aberglauben: »Wenn ihr euch Bodo aus der Nähe betrachtet hättet, als er die erste Scholle brach, hättet ihr ihn wahrscheinlich aus der Kittelbluse ein Fladenbrot herausnehmen sehen, das Ermentrude ihm unter Verwendung der verschiedenen Mehlsorten gebacken hatte, und ihr hättet gesehen, wie er sich hinkniete, es auf die Scholle legte und sang: ›Erde, Erde, Erde! Oh,

Erde, unsere Mutter...‹« (es folgt der Text einer angelsächsischen Beschwörung).[71]

Die Unterschiede zwischen dem von Augustin Thierry 1820 in wenigen Zügen angedeuteten Leben des Jacques Bonhomme und dem von Eileen Power ein Jahrhundert später minuziös beschriebenen Leben des Bodo springen ins Auge: im ersten Fall überspannen die dokumentarischen Notizen einen Bogen von zwanzig Jahrhunderten, um eine Symbolfigur herum; im zweiten, in einer zeitlich homogenen Dimension, um einen tatsächlich gelebten Menschen herum. In beiden Fällen kommt ein gleiches Prinzip zur Anwendung: die Integration der dokumentarischen Lücken, die auf die Spärlichkeit der Dokumentation zurückgeht, durch dem Zusammenhang entnommene Elemente (diachronisch im ersten, synchronisch im zweiten Fall). Aber auch E. Power, die doch von einem realistischen, und nicht von einem symbolischen Anspruch ausgeht, nutzt den Zusammenhang flexibel: schwerlich wird Bodo, der doch in der Nähe von Paris lebte, eine angelsächsische Beschwörung gesungen haben. Wenn wir lesen, »Bodo wird gewiß freigenommen haben und wird zum Markt gegangen sein«, verstehen wir sofort, daß es sich um eine Annahme handelt. Aber vor einem formell nicht mutmaßlichen Satz wie »Bodo geht, vor sich hin pfeifend, in der kalten Luft davon« wäre es naiv, sich die Frage zu stellen, ob er auf einer Quelle beruht.[72] Die erste Integration rührt so wie andere, die in demselben Text vorkommen, von einer Einschätzung historischer Kompatibilität her; die zweite von einer Überlegung allgemeiner Plausibilität (Bauern pfeifen heute vor sich hin, sicher pfiffen sie auch zu Zeiten Karls des Großen vor sich hin), über die entschieden zu diskutieren wäre (Menschen sind keine Nachtigallen, ihr Pfeifen ist kein natürlicher Akt).

In ihrer Einführung zu *Medieval People* spricht Power von einer »Sozialgeschichte... die in einer Weise abgehandelt wird, die wir als individualistisch bezeichnen könnten«. Dieser Begriff sollte nicht irreführen: Individuum ist hier synonym zu ›Typ‹, wenn auch nicht zu ›Idealtyp‹ im Sinne Max Webers.[73] Kann aber, wer die Geschichte der niederen sozialen Gruppen erforscht, sich vornehmen, Individuen im vollen Sinne des Begriffs zu rekonstruieren? Vor nahezu dreißig Jahren gab François Furet eine sehr klare Antwort auf diese Frage: die Unterschichten der Vergangenheit lassen sich nur im Zeichen »der Menge und der Anonymität studieren, von der historischen Demografie und der Soziologie«.[74] Diese Behauptung erscheint heute als entschieden zu rigide, wenn nicht gar als pessimistisch. Es wurde nachgewiesen, daß vor allem dank der gerichtlichen Quellen qualitative Analysen möglich sind, indem man anhand von Prozeßakten arbeitet oder, falls nötig, anhand ihrer literarischen Verarbeitungen. In diese letzte Richtung bewegte sich Natalie Davis in ihrem *The Return of Martin Guerre* (Die wahrhaftige Geschichte von der Wiederkehr des Martin Guerre): eine Geschichte über Rollentausch und Verwechslungen, die sich in einem französischen Dorf des 16. Jahrhunderts zutrug. Sie führte zu einem aufsehenerregenden, heute verschollenen Prozeß, der aber dank der als Buch erschienenen, minuziösen Schilderung des Richters, der das Urteil gesprochen hatte, Jean Coras, indirekt zugänglich ist. Diese dokumentarische Situation bedingte die Forschungstaktik von N. Davis:

»Da die Vernehmungsakten des Prozesses fehlen (die Akten sämtlicher Prozesse, die vor 1600 vor dem Parlament von Toulouse verhandelt wurden, sind verschollen), habe ich die Erlaßverzeichnisse des Parlaments durchgesehen, um zusätzliche Einblicke in den Fall selbst sowie in Praxis und Haltung der Richter zu bekommen. Auf den Spuren meiner ländlichen Akteure nahm ich Einsicht in Verträge von Notaren aus zahlreichen Dörfern der Diözesen Rieux und Lombez. Wo es mir nicht gelang, meinen Mann (oder meine Frau) aufzuspüren, tat ich mein Bestes, um anhand anderer Quellen der Zeit und der Gegend die Welt sichtbar zu machen, die sie wohl vor Augen hatten, und die Reaktionen, die die ihren sein konnten.«[75]

Man denkt unweigerlich an Eileen Power, über die N. Davis kürzlich herzlich und einfühlend schrieb.[76] N. Davis ist aber viel aufmerksamer als E. Power in der Unterscheidung zwischen gesicherter Wahrheit und Möglichkeit, beim Hinweisen auf die Ergänzungen der Dokumentation durch einen Konjunktiv (oder ein »vielleicht«, ein »wahrscheinlich«), anstatt sie hinter einem Indikativ zu verstecken. Man könnte das Verfahren von N. Davis mit modernen Restaurierungsarbeiten vergleichen, bei denen die Lücken eines Gemäldes nicht unter Übermalungen versteckt, sondern durch die zweifarbig gestreifte Leinwand hervorgehoben werden.[77] Der Kontext – verstanden als Ort historisch bedingter Möglichkeiten – dient folglich dazu auszufüllen, was die Dokumente über das Leben eines Menschen offenlassen. Aber diese Ergänzungen sind Möglichkeiten, keine notwendigen Folgerungen; Annahmen, keine gesicherten Fakten. Wer zu anderen Schlußfolgerungen käme, würde die aleatorische und unvorhersehbare Dimension leugnen, die einen wichtigen (wenn auch nicht ausschließlichen) Bestandteil im Leben des einzelnen darstellt.

Kehren wir zurück zu dem Prozeß gegen Sofri und seine Mitangeklagten. Untersuchungsrichter Lombardi und Staatsanwalt Pomarici haben sich darin wie Historiker verhalten und nicht wie Richter, und nicht nur das: wie nicht sehr zimperliche Historiker. Ein harmloses Überschreiten der Grenzen zwischen den Disziplinen, dem Anschein nach. Doch in Wirklichkeit handelt es sich um etwas ganz anderes.

Wir hatten diese Überlegungen mit der Feststellung begonnen, daß zwischen Richtern und Historikern eine gemeinsame Ebene besteht: die der Überprüfung der Fakten und somit der Beweisführung. Nach und nach haben wir gesehen, wie sich eine Reihe von Unterschieden herausstellten wie jener zwischen Justizirrtum und wissenschaftlichem Irrtum, der seinerseits auf die (hier nicht besprochene) Fragestellung nach dem Urteil verweist.[78] Nun stellt sich auch die Gemeinsamkeit bezüglich der Feststellung der Tatbestände als nur in Teilen zutreffend heraus. Die Fakten, die Richter und Historiker ihrer Prüfung unterziehen, unterscheiden sich teilweise, vor allem weil sie unterschiedliche Einstellungen zum Kontext oder besser zu den Kontexten haben. Für die Richter erscheinen die Kontexte (einmal abgesehen vom Schlüssigkeitsbeweis, auf den wir gleich zurückkommen) vorwiegend in Form von mildernden Umständen oder Elementen biologischer oder historischer Natur. Auf deren Grundlage kann ein Individuum ganz oder teilweise für geisteskrank, momentan oder von der Konstitution her für unzurechnungsfähig gehalten werden und so fort; oder aber, eine Reihe von Straftaten kann erlassen werden, weil sie in einer außergewöhnlichen Situation begangen wurden (Bürgerkrieg, fortgesetzte soziale Auseinandersetzungen, wie sie sich in Italien im Herbst 1969 ereigneten usw.). Diese Elemente oder Umstände wirken verändernd auf eine normale Situation ein, wobei sie das Schuldprinzip abmildern, wonach »keine Tatsache oder Verhaltensweise den Wert einer Handlung hat, wenn sie nicht das Ergebnis einer Entscheidung ist; noch kann sie dementsprechend bestraft, und vorher noch verboten werden, wenn sie nicht absichtlich, das heißt bewußt und willentlich von einer zurechnungsfähigen Person begangen wurde«[79]. Wir haben festgestellt, daß das Zurückführen jedes Ereignisses oder historischen Prozesses auf diese Art Handlungen die Historiographie kennzeichnet, die wir als gerichtlich bezeichnet haben. Es handelt sich aber um eine Linie, die auf wissenschaftlicher Ebene unterliegt. Seit einem Jahrhundert stellt das Verhältnis zwischen menschlichen Handlungen und (biologischen, kulturellen, wirtschaftlichen usw.) Kontexten für die regste Historiographie vielmehr ein offenes Problem dar: nicht einen Anspruch, der ein für allemal im einen oder im anderen Sinne definiert ist. Dies erklärt die »zwiespältige Rolle«, die die Biographie, wie Momigliano schrieb, in der Geschichtsforschung eingenommen hat: »Sie kann ein Hilfsmittel der soziologischen Forschung sein oder aber eine Methode, dieser zu entfliehen.«[80]

Der Weg des Richters und der des Historikers, die eine Weile gemeinsam verlaufen, driften dann unweigerlich auseinander. Wer versucht, den Historiker auf einen Richter zu reduzieren, vereinfacht die historiographische Erkenntnis und macht sie ärmer; wer aber versucht, den Richter auf einen Historiker zu reduzieren, führt die Ausübung der Rechtsprechung in unwiederbringlicher Weise in schmutzige Gewässer. Gewiß, Lombardi hat (gegenüber Spataro) recht, wenn er den »Schlüssigkeitsbeweis« im Sinne der Kompatibilität formuliert, statt im Sinne der zwangsläufigen Ableitung aus dem Kontext; beide aber gehen fehl, wenn sie ausgehend von kontextuellen Umständen und in Ermangelung jedweder sonstigen Entsprechung den Nachweis führen wollen, daß bestimmte individuelle Verhaltensweisen tatsächlich geschehen sind. Das hieße stillschweigend (und unzulässigerweise) von der Ebene der reinen Möglichkeit auf jene der Tatsachenbehauptung abzurutschen; vom Konditional in den Indikativ. Das ist ein logischer Patzer, der sich paradoxerweise auf einen Mißbrauch des sogenannten Schlüssigkeitsbeweises stützt (der besser »kontextueller Nachweis« genannt werden sollte). Doch im Unterschied zu den Schnitzern der Historiker ziehen die der Richter unmittelbare und schlimmere Folgen nach sich. Sie können zur Verurteilung unschuldiger Personen führen.

XIX Der Unschuld Adriano Sofris bin ich mir, wie ich gleich zu Anfang sagte, absolut sicher. Aber die moralische Gewißheit hat keine Beweiskraft. Aus diesem Grunde bin ich nicht näher auf meine Anschauungen eingegangen, die niemanden interessieren. Ich habe vielmehr versucht, durch eine Analyse der Prozeßunterlagen nachzuweisen, daß die gegen Sofri vorgebrachten Anschuldigungen jeder Grundlage entbehrten. Es fällt mir wirklich schwer zu glauben, daß die Mailänder Richter im Moment der Urteilsverkündung *keinerlei Zweifel* an der Wahrhaftigkeit von Marinos Anschuldigungen hegten. Und das Vorhandensein eines noch so kleinen Zweifels an jenen Anschuldigungen hätte sie dazu veranlassen müssen, einen Freispruch zu verkünden.

Der Grundsatz *in dubio pro reo*, wonach ein Angeklagter nur dann verurteilt werden kann, wenn man sich seiner Schuld absolut sicher ist, ist alles andere als selbstverständlich. 1939 lehnte ihn ein faschistischer und nazifreundlicher italienischer Jurist entschieden ab:

»Im Falle der Rechtsunsicherheit wird er [der Richter] sich an den Grundsatz *in dubio pro re publica* anlehnen, der im totalitären Staat an die Stelle des alten *in dubio pro reo* tritt. Bei Unsicherheit wird für die deutsche Gesetzgebung das *gesunde Volksempfinden* zur Rechtsquelle. Für uns könnte der Wille des Duce, so wie er seinen Worten und seiner Lehre zu entnehmen ist, als Rechtsquelle gelten.«[81]

Diese Grundsätze haben nicht die Oberhand behalten. Die Staatsräson reicht in die Gerichtssäle unseres Landes nicht hinein (sollte nicht hineinreichen). Das vom Mailänder Schwurgericht gefällte Urteil erster Instanz ist ein Justizirrtum, der berichtigt werden kann und muß.

Anmerkungen

1 Vgl. *Spie. Radici di un paradigma indiziario* (1979), nunmehr in *Miti emblemi spie*, Turin 1986, S. 158–209 (dt.: *Spurensicherung* in *Spurensicherungen*, Berlin 1983, S. 61–96); Einführung zu P. Burke, *Helden, Schurken und Narren. Europäische Volkskultur in der frühen Neuzeit*, dt. Übers., Stuttgart 1981; *Beweise und Möglichkeiten*, Nachwort zu N. Zemon Davis, *Die wahrhaftige Geschichte von der Wiederkehr des Martin Guerre*, München, Zürich 1984, S. 185–217, besonders S. 214 Anmerkung 7; *Veranschaulichung und Zitat*, in F. Brandel u. a., ›Der Historiker als Menschenfresser‹, Berlin 1990, S. 85–103; *L'inquisitore come antropologo*, in *Studi in onore di Armando Saitta dei suoi allievi pisani*, hrsg. von R. Pozzi und A. Prosperi, Pisa 1989, S. 23–33; das Referat *Just One Witness*, vorgetragen auf dem Kongreß *The ›Final Solution‹ and the Limits of Representation* (Los Angeles, 25.–29. April 1990; die Berichte erscheinen bei Harvard University Press).

2 P. Calamandrei, *Il giudice e lo storico*, in ›Rivista di diritto processuale civile‹, XVII (1939), S. 105–128, der sich bezieht auf G. Calogero, *La logica del giudice e il suo controllo in Cassazione*, 1937. Calamandreis Aufsatz wurde in der ›Rivista di storia della storiografia moderna‹, XI (1990), S. 42 ff., neuerlich veröffentlicht, mit einer Einführung von M. Mastrogregori, der vor allem auf die Diskussion mit Croce eingeht.

3 So L. Ferrajoli, *Diritto e ragione. Teoria del garantismo penale*. Bari 1989, S. 119 und 771–773.

4 Vgl. C. Ginzburg, *Storia notturna. Una decifrazione del sabba*, Turin 1989, S. XIII (dt.: *Hexensabbat. Entzifferung einer nächtlichen Geschichte*, Berlin 1990, S. 7). Der Vergleich zwischen dem hier behandelten Prozeß und den Hexenprozessen wurde in einem von Adriano Prosperi verfaßten und von einigen Personen (darunter dem Verfasser) unterzeichneten Brief aufgegriffen, der an verschiedene überregionale Tageszeitungen verschickt wurde: veröffentlicht wurde er einzig von ›l'Unità‹ (11. 5. 1990) und von ›il Manifesto‹ (17. 5. 1990).

5 Vgl. J. Tedeschi, *The Roman Inquisition and Witchcraft*, in ›Revue d'histoire des religions‹, 200 (1983), S. 163–188; ders., *Appunti sulla ›Instructio pro formandis processibus in causis strigum, sortilegorum & maleficiorum‹*, in ›Annuario dell'Istituto Storico Italiano per l'età moderna e contemporanea‹ XXXVIII–XXXIX (1985–86), S. 219–241; P. H. Jobe, *Inquisitorial Manuscripts in the Biblioteca Apostolica Vaticana: a Preliminary Handlist*, in *The Inquisitio in Early Modern Europe. Studies on Sources and Methods*, hrsg. v. G. Henningsen und J. Tedeschi, Dekalb, (Ill.) 1986, S. 33–53, insbesondere S. 44–45; C. Ginzburg, *I benandanti. Stregoneria e culti agrari tra Cinquecento e Seicento*, Turin 1966, S. 135–137 (dt. *Die Benandanti. Feldkulte und Hexenwesen im 16. und 17. Jahrhundert*, Frankfurt am Main 1980, S. 159). Tedeschi, dem die gründlichsten Forschungen zum Thema zu verdanken sind, verneint, daß die *Instructio* eine wahre Wende in der inquisitorischen Praxis markiert habe (*Appunti* op. cit., S. 238 ff.): ich halte es aber für bezeichnend, daß der Verweis auf die Prinzipien, mit dem der Text anfing, mit der Feststellung einherging, daß diese so gut wie nie eingehalten wurden.

6 Vgl. A. Momigliano, *History Between Medicine and Rhetoric*, in *Ottavo contributo alla storia degli studi classici e del mondo antico*, Rom 1987, S. 13–25.

7 Vgl. C. Ginzburg, *Veranschaulichung* op. cit.

8 Vgl. A. Momigliano, *Storia antica e antiquaria*, in *Sui fondamenti della storia antica*, Turin 1984, S. 5–45 (dt.: *Alte Geschichte und antiquarische Forschung*, in *Wege in die Alte Welt*, Berlin 1991, S. 79–107).

9   Von dem Text von Griffet lag mir die zweite Ausgabe (Liège 1770) vor. A. Johnson, *The Historian and Historical Evidence,* New York 1934 (1. Ausgabe 1926), S. 114, der die erwähnte Stelle zitiert, definiert das *Traité* als »das wichtigste Buch zur Methode der Geschichte nach Mabillons *De re diplomatica*«. Siehe auch Momigliano, *Wege* op. cit., S. 90; und C. Ginzburg, *Just One Witness* op. cit. Zu Gibbon siehe vor allem die grundlegenden Aufsätze von Momigliano in *Sui fondamenti* op. cit., S. 294–367.

10   Vgl. K. Löwith, *Weltgeschichte und Heilsgeschehen. Die theologischen Vorausset-zungen der Geschichtsphilosophie,* 1953 (dt. Übers. von *Meaning in History. The Theological Implications of the Philosophy of History,* 1949), derz. in *Sämtliche Schriften,* Band 2, Stuttgart 1983, S. 68. Der Satz kommt im Werk Hegels (nach Auskunft von Alberto Gajano) mindestens dreimal vor: vgl. *System der Philosophie,* Par. 548; *Grundlinien der Philosophie des Rechts,* Par. 340; *Vorlesungen über die Philosophie der Geschichte.* Im allgemeinen vgl. R. Koselleck, *Vergangene Zukunft,* Frankfurt am Main 1979.

11   Vgl. Lord Acton, *Lectures on Modern History,* London 1960, S. 17.

12   Von »gerichtlicher Historiographie« sprach scharfsinnig L. Ferrajoli in einem Artikel zum Fall »7. April«, erschienen in ›il manifesto‹, 23.–24. Februar 1983.

13   Mit Gewinn las ich *L'albero della Rivoluzione. Le interpretazioni della Rivolu-zione francese,* hrsg. v. B. Bongiovanni und L. Guerci, Turin 1989: siehe insbesondere die Einträge *Alphonse Aulard* und *Albert Mathiez* (von M. Vovelle), und *Hippolyte Taine* (von R. Pozzi). Von Aulard vgl. *Taine historien de la Révolution française,* Paris 1907, das mit der charakteristischen Erklärung beginnt (S. VII): »Je crois donc être sûr, je ne dis pas de paraître impartial, mais d'être impartial.« Immer noch in Hinblick auf gerichtliche Metaphern vergleiche man auch den Titel der Sammlung von Aufsätzen verschiedener Autoren *Eine Jury für Jacques Roux,* in ›Sitzungsberichte der Akademie der Wissen-schaften der DDR‹ (Gesellschaftswissenschaften), Berlin 1981. Man vergleiche damit auch die auf unendlich viel derberem Niveau in Italien kürzlich angezettelten ›Prozesse‹ gegen das Risorgimento und den antifaschistischen Widerstand.

14   Vgl. M. Bloch, *Apologie der Geschichte oder Der Beruf des Historikers,* dt. Übers. Stuttgart 1974, S. 136–141 (zitiert nach der Übersetzung von Siegfried Furtenbach).

15   Siehe die Bemerkungen zu Mathiez von F. Furet, *Dictionnaire critique de la Révo-lution française,* Paris 1988, Stichwort ›Histoire universitaire de la Révolution‹, S. 990–991. Zu *La Grande Peur de 1789* siehe die Einführung von J. Revel zum Nachdruck von 1989. Die Konfrontation zwischen beiden Büchern ist rein symbolisch: sie berück-sichtigt zum Beispiel nicht *La vie chère et le mouvement social sous la Terreur,* 1927 (A. Mathiez).

16   Vgl. den Eintrag *Georges Lefebvre* (von L. Guerci) in *L'albero della Rivoluzione* op. cit.

17   Der Ausspruch Brechts, in der Wiedergabe von Benjamin, lautet: »Nicht an das gute Alte anknüpfen, sondern an das schlechte Neue« (vgl. W. Benjamin, *Versuche über Brecht,* 5. Aufl. Frankfurt am Main 1978, S. 171). Über die Rückwirkungen Gentiles in den Schriften von H. White (hierzu weiter unten) vgl. *Just One Witness* op. cit.

18   Marcel Mauss war anderer Ansicht: vgl. *Rapports réels et pratiques de la psycho-logie et de la sociologie* (1924), in *Sociologie et anthropologie,* Paris 1960, (dt. Übers. *Soziologie und Anthropologie,* Frankfurt/Berlin/Wien 1978), S. 281–310, vor allem S. 287, wo die Tendenz zurückgewiesen wird, »la conscience du groupe de tout son substrat matériel et concret« zu trennen. »Dans la société, il y a autre chose que des représentations collectives, si importantes ou si dominantes qu'elles soient« usw.

19   Unter den repräsentativsten Gestalten in diesem Klima sei – von unterschiedlichen Standpunkten aus – verwiesen auf Michel de Certeau (in Frankreich) und Hayden White (in den USA). Von ihnen vgl. *La scrittura della storia,* it. Übers., Rom 1977, bzw. *Meta-history. The Historical Imagination in 19. Century Europe,* Baltimore 1973. Zu White vgl. A. Momigliano, *La retorica della storia e la storia della retorica: sui tropi di Hay-*

101

den White, in *Sui fondamenti* op. cit., S. 465–476; und C. Ginzburg, *Veranschaulichung* op. cit. und *Just One Witness* op. cit. Zu F. Hartog, *Le miroir d'Hérodote*, Paris 1980, vgl. *Beweise und Möglichkeiten* op. cit., S. 203.

20 Zum Thema Beweis vgl. Ferrajoli, *Diritto e ragione* op. cit., S. 108 ff.

21 Vgl. Bloch, *Apologie der Geschichte* op. cit., S. 129 ff.

22 Vgl. Ferrajoli, *Diritto e ragione* op. cit., S. 32.

23 Vgl. z. B. die Niederschriften der mündlichen Verhandlung, S. 22, 48, 173, 183, 205, 235, 640, 660 usw., die abwechselnd und mit großer hermeneutischer Intelligenz von M. Bernasconi und L. Scalise besorgt wurden (ich denke vor allem an den geschickten Einsatz der Zeichensetzung).

24 Vgl. zu diesem Komplex Ferrajoli, *Diritto e ragione* op. cit., S. 23, und C. Ginzburg, *L'inquisitore* op. cit.

25 Die Abkürzungen *Zeug.*, *Prot.*, *Ermittl.*, *Gegenüb.*, beziehen sich auf die getrennt paginierten Niederschriften folgender Dokumente: Zeugenaussagen in Anwesenheit von Offizieren der Carabinieri (20. Juli 1990); Vernehmungsprotokolle in Anwesenheit von Staatsanwalt Ferdinando Pomarici (21., 26. und 27. Juli); Ermittlungsverfahren in Anwesenheit von Richter Antonio Lombardi (29. Juli: auch Staatsanwalt Pomarici nimmt teil; 1., 5., 17. August; 1., 3., 15., 26. September; 24. Oktober 1988, und 6. Februar 1989); Protokoll der Gegenüberstellung von Leonardo Marino und Adriano Sofri, am 16. September 1988.

26 Die in Klammern angegebenen Seiten beziehen sich an dieser wie auch an anderen Stellen auf die maschinengeschriebenen Niederschriften.

27 Siehe aber zu diesem Punkt A. Sofri, *Memoria,* Palermo 1990, S. 62–63.

28 Ebenda, S. 73–77.

29 *Gegenüb.,* S. 6 (die zweite, zuvor gegebene Antwort, wird auf Antrag von Rechtsanwalt Gentili, dem Verteidiger Sofris, zu Protokoll gegeben).

30 Vgl. Sofri, *Memoria* op. cit., S. 45–49 und 82–83.

31 Vgl. L. Febvre, *Ein Historiker prüft sein Gewissen*, in *Das Gewissen des Historikers*, dt. Übers., Berlin 1988, S. 13 (zitiert nach der Übersetzung von Ulrich Raulff).

32 »Schauen Sie, Marino schien bei mir praktisch weder in den Unterlagen noch sonstwo auf... verstehen Sie!«: so Oberst Bonaventura (*Verhandl.*, S. 1696).

33 »Vor uns unterzeichneten Beamte der Gerichtspolizei, Angehörige der oben genannten Einsatzzentrale und der Carabinieri-Kompanie von Sarzana...«, ist in dem Protokoll zu lesen. Hauptmann Meo leistete damals in Sarzana Dienst. Das Protokoll ist mit unleserlichen Unterschriften versehen.

34 Ich übernehme hier beinahe wörtlich eine Bemerkung von Adriano Sofri (*Memoria* op. cit., S. 142).

35 Ich zitiere nach einer (nicht amtlichen) stenographischen Mitschrift des Plädoyers von Staatsanwalt Pomarici.

36 *Memoria* op. cit., S. 146.

37 In der Niederschrift: »coscienza« [dt.: Gewissen, Bewußtsein; C. G. schreibt: »conoscenza« (dt. eigentlich: Kenntnis), A. d. Ü.].

38 In der in ›Il Giorno‹ erschienenen Berichterstattung zum Prozeß (27. Januar 1990) ist zu lesen: »Auf diesem Punkt [der Begegnung von Don Vincenzi mit den Individuen, die den Dienstausweis der Carabinieri vorzeigten] beharrt Anwalt Gaetano Pecorella mit spezielleren Fragen: »Heißt das, daß Marino in Wirklichkeit lange vor seiner Meldung bei den Carabinieri überwacht oder unter Schutz gestellt war?« Merkwürdigerweise finde ich in den Niederschriften der mündlichen Verhandlungen keine Spur dieser von Anwalt Pecorella gestellten Fragen.

39 Stimmt nicht ganz: zu der merkwürdigen Sache mit dem nicht bezahlten Bußgeld vgl. Sofri, *Memoria* op. cit., S. 52–58.

40 Rechtsanwalt Maris erzählte im Sommer '88 (laut einem Artikel von Franco Bechis in ›Il Sabato‹, 20.–28. August 1988), daß Marino, dessen Verteidiger er ist, die begange-

nen Straftaten einem Carabiniere von Bocca di Magra gestanden hatte, »mit dem er ein, wie soll man sagen?, familiäres Verhältnis hatte, wie das in einem kleinen Dorf vorkommt«.

41 In diesem Sinne siehe auch den Kommentar von Manuela Cartosio (›il manifesto‹, 22. Februar 1990).

42 Wie im Verlauf des Prozesses mehrfach erläutert wird, heißt der zweite Sohn Marinos rein zufällig Giorgio, so wie Pietrostefani: Pietrostefani ist allen unter dem Namen »Pietro« bekannt.

43 In ›La Stampa‹, 28. 1. 1990, veröffentlichte Erklärung.

44 Sie wurde in der Denkschrift betont, die den Richtern vor Beginn der Urteilsberatung ausgehändigt wurde: »von der These des Komplotts ist Abstand zu nehmen, da sie den Verstand verdüstert und sich häufig als Gefälligkeitserklärung herausstellte« (*Memoria* op. cit., S. 139).

45 Diese Sätze oder vielmehr der gesamte Abschnitt (mit Ausnahme des letzten Satzes) wurden im August–September 1990 geschrieben. Über die im sogenannten Schlupfwinkel der Roten Brigaden in Via Montenevoso vorgenommene Hausdurchsuchung hatte ich einen Artikel in ›L'Espresso‹ vom 7. August 1988 gelesen, in dem der Journalist Franco Giustolisi eine Diskussion zwischen den Richtern Ferdinando Pomarici und Armando Spataro (die auf diesen Seiten mehrmals erwähnt werden) und dem kommunistischen Senator Sergio Flamigni zusammenfaßt, einem vormaligen Mitglied der Moro-Enquetekommission. Der Artikel schloß wie folgt: »*Flamigni:* ›Auf jeden Fall, Doktor Pomarici: haben Sie sie denn gut durchsucht, die Wohnung in Via Montenevoso?‹ *Pomarici:* ›Auseinandergenommen. Eine Wand nach der anderen. Stein um Stein‹. *Flamigni:* ›Und dennoch werde ich mir die Genugtuung verschaffen müssen, eines Tages reinzugehen in die Via Montenevoso. Um zu sehen, ob…‹.« Anfang Oktober 1990 wurde während der Renovierungsarbeiten der Wohnung in Via Montenevoso ein von einem einfachen Paneel verdecktes Versteck entdeckt: darin befanden sich Waffen, Geld, und 418 (fotokopierte) Seiten mit einer Reihe bis dahin unbekannter Briefe, die Moro während der Gefangenschaft geschrieben hatte. Richter Pomarici, der die Wohnung zwölf Jahre zuvor »auseinandergenommen« hatte, erklärte, während der Durchsuchung seien ihm das Versteck und sein Inhalt unglücklicherweise entgangen. Bald darauf (17. Oktober) enthüllte Giulio Andreotti, amtierender Ministerpräsident, daß in Italien seit 1956 eine geheime militärische Organisation mit explizit antikommunistischer Zielrichtung operiert (die sogenannte Operazione Gladio), die an den amerikanischen Geheimdienst gebunden ist.

46 M. Cortelazzo und U. Cardinale, *Dizionario di parole nuove, 1964–1984*, Torino 1986, S. 61 geben folgende Definition: »Kritische Analyse der Ereignisse in dem Bestreben, hinter den scheinbaren Gründen die tatsächlichen, versteckten Absichten auszumachen.« Die nachfolgenden Beispiele haben allerdings alle einen mehr oder weniger negativen Unterton, beginnend bei dem chronologisch am weitesten zurückliegenden (›la Repubblica‹, 16. Dezember 1979): »Um zu versuchen zu verstehen, und nicht um ›Dietrologie‹ zu praktizieren, bleibt einem hier nichts anderes übrig, als einige Hypothesen in Augenschein zu nehmen…« Siehe auch »›Dietrologie‹ (neuere, empirische Wissenschaft, die in der Suche nach wer weiß welchen Bedeutungen hinter jedem Verhalten oder Wort besteht)« (›Corriere della Sera‹, 6. Februar 1981); »Über die ›Dietrologie‹, Wissenschaft von der Vorstellung, Kultur des Verdachts, Philosophie des Mißtrauens, Technik der doppelten, dreifachen, vierfachen Hypothese wurde in letzter Zeit häufig gespottet« (›La Stampa‹, 3. April 1982).

47 Siehe, C. Ginzburg, *Hexensabbat* op. cit., S. 39–89 (und, in allgemeiner Sichtweise, S. 19–20).

48 Vgl. zum Beispiel A. Ventura, *Il problema storico del terrorismo italiano*, in ›Rivista storica italiana‹, 92 (1980), S. 125–151, von dem ich auf wissenschaftlicher Ebene nur die Forderung nach der Relevanz des Komplott-Begriffs teile (S. 148).

49 Vgl. Sofri, *Memoria* op. cit., S. 139–152.

50   Ich entnehme diese Meldungen einem Schriftsatz von Rechtsanwalt Gaetano Pecorella, dem Verteidiger von Ovidio Bompressi. ›Il Giorno‹ (6. April 1990) berichtete davon
in einem kurzen Artikel mit dem Titel *Senza giacca, nessuna certezza*. Die Vernichtung
der Beweise hob L. Ferrajoli in einem glänzenden Beitrag hervor, den ich las, als dieses
Buch – mit Ausnahme des *Postskriptums* – bereits fertig war: vgl. *La prova diabolica*, in
›Politica e economia‹, Juli–August 1990, S. 9–11.

51   In einer Passage (die jede Umschreibung ruinieren würde) aus dem Plädoyer von
Rechtsanwalt Maris, dem Vertreter Marinos, befindet sich an Stelle des republikanischen
Anwalts Marinos Mutter: »Nicht nur die Angst treibt Marino zu einer Kaserne der Carabinieri. Da sind tiefe Wurzeln. Marino war als Junge in einem Schülerheim der Salesianer,
er kommt aus einer katholischen Familie. Es wurde ihm beigebracht, der Mutter zu antworten, die ihn fragt, ob er in Taten oder schlechten Gedanken gesündigt hat. Da gab es
die Beichte in den Jahren seiner Kindheit und seiner Pubertät. Und wenn ich sage, daß hinter seiner Angelegenheit zweitausend Jahre Eucharistie stecken, sage ich nicht etwas lang-
weilig Abgehobenes: wenn du dich von dieser Sache befreien willst, die du auf dem Her-
zen hast, gehst du zum Priester. Und tatsächlich geht er zum Pfarrer. Da er aber Arbeiter
bei Fiat war, nimmt er seine Verantwortung auch vor einem weltlichen Gewissen auf sich.
Und geht zu Senator Bertone, weil er in die KPI eingetreten ist und ein offenes Verhältnis
zu seiner Partei haben möchte. Und Bertone gibt ihm zur Antwort: ›Stelle dich den Behörden…‹« (›La Repubblica‹, 10. April 1990).

52   »…bei der ersten Protokollaufnahme – erklärte Marino in der Verhandlung (11. Januar 1990, *Verhandl.*, S. 157) – habe ich gesagt, es war ein Sommermonat: offensichtlich
war in dem Moment meine Erinnerung sehr vage zu diesem Vorfall.«

53   Man kann an eine ähnliche Verschiebung erinnern, wenn auch in einem ganz anderen Bezug: Marino sagt in der Ermittlung, er habe nach dem Attentat einen (inexistenten)
Zug nach Turin um 9.40 Uhr genommen; in der Verhandlung spricht er, sich verbessernd,
von »einem Zug, der in Mailand mehr oder weniger gegen zehn Uhr abfährt, ein paar Minuten früher oder ein paar Minuten später«; in Wirklichkeit fuhr der Zug, wie der Vorsitzende des Gerichts ihm zu bedenken gibt, viel banaler, um Punkt zehn Uhr (*Verhandl.*,
S. 100–1). Zu anderen, in Marinos Geständnissen wiederholt vorkommenden Gemein-
plätzen vgl. Sofri, *Memoria* op. cit., S. 151–52.

54   So Marino in der Ermittlung (S. 12). Als Rechtsanwalt Pecorella in der Verhandlung
an diese Erklärung erinnerte, wobei er implizit deren Unwahrscheinlichkeit unterstrich,
hatte Marino eine Anwandlung der Ungeduld: vgl. oben, Kap. XII (und *Verhandl.*,
S. 234).

55   Vgl. C. Ginzburg, *Stregoneria e pietà popolare: note a proposito di un processo
modenese del 1519*, in *Miti emblemi spie* op. cit., S. 3–28 (dt.: *Hexenwesen und Volks-
frömmigkeit: Anmerkung zu einem Prozeß in Modena im Jahre 1519* in *Spurensicherungen* op. cit., S. 25–46); *Die Benandanti* op. cit.

56   Vgl. Sofri, *Memoria* op. cit., S. 50 ff.

57   »Der Rückgriff auf den sogenannten Schlüssigkeitsbeweis ist äußerst gefährlich; sich
auf dieses Terrain zu begeben, ist wie das Überqueren eines Minenfelds«, schreiben Gian-
domenico Pisapia und Massimo Dinoia (»*Processo Marino*«: *dalle* »*Note di udienza
nell'interesse di Giorgio Pietrostefani*« *alla sezione della Corte d'Assise di Milano*,
Rom Juni 1990, S. 20).

58   In der Antwort auf den Beitrag Sofris, die ebenfalls in »Società civile« erschien, geht
Spataro auf den diesbezüglichen Fehler nicht ein.

59   »Das Wort ›Notstand‹ ist verboten (…) Verboten ist es auch, eine Überzeugung zu
haben, weil es ein ›Theorem‹ ist. Es ist aber auch verboten, Zweifel zu haben, weil es ein
›Verdacht‹ ist; und die Kultur des Verdachts ist übel, besser das Volk ist folgsam und leicht-
gläubig. Verboten ist das Konzept des ›Schlüssigkeitsbeweises‹, zu sagen, zwei plus zwei
ist vier ist nur soziologische Analyse. Soziologische Analyse ›ohne einen Fetzen Beweis‹ ist
auch die Ermittlung von Falcone. Und dann ist auch noch das Verlangen nach Gerechtig-

keit verboten, weil es Rachsucht ausdrückt. So bildet ein Schritt die Vorstufe für den nächsten« (N. Dalla Chiesa, *Storie di boss ministri tribunali giornali intellettuali cittadini,* Turin 1990, S. 93–94).

60   Siehe oben, Kap. II

61   Vgl. A. Momigliano, *The development of Greek biography,* Cambridge, Mass. 1971.

62   Ebenda.

63   Dieser kurze Text erschien zunächst im ›Censeur européen‹ vom 12. Mai 1820: vgl. die Einführung von R. Pozzi zu A. Thierry, *Scritti storici,* Turin 1983, S. 26, der allgemein die Bedeutung der Zusammenarbeit des jungen Thierry mit Saint-Simon unterstreicht. Der Aufsatz wurde dann in *Dix ans d'études historiques,* Paris 1835, ein zweites Mal veröffentlicht; mir lag die Ausgabe Milan [= Paris] 1843 vor, wo er sich auf den Seiten 202–208 befindet; auf S. 207 ist die Rede von »plaisanterie«. Vgl. L. Gossmann, *Augustin Thierry and Liberal Historiography,* in ›History and Theory‹, Beiheft 15, 1976. Siehe auch M. Gauchet, *Les Lettres sur l'histoire de France d'Augustin Thierry,* in P. Nora (Hrsg.), *Les lieux de mémoire,* II, 1, Paris 1986, S. 247–316.

64   *Le Crépuscule du Soir,* letzte Verse: »Encore la plupart n'ont-ils jamais connu/La douceur du foyer et n'ont jamais vécu!« (Charles Baudelaire, *Les Fleurs du Mal,* in *Œuvres complètes,* herausgeg. von Y.-G. Le Dantec, Paris 1954, S. 167; »Auch hat die meisten nie ein süßer Schein umschwebt/Von eignem Feuer und sie haben nie gelebt.« dt. Übers. von W. Benjamin (Heidelberg 1923) zitiert nach: Ch. Baudelaire, *Tableaux parisiens,* Frankfurt am Main 1963, S. 65.

65   Vgl. C. Ginzburg, *Beweise und Möglichkeiten* op. cit.

66   Vgl. A. Momigliano, Marcel Mauss e il problema della persona nella biografia greca, in *Ottavo contributo* op. cit., S. 179–190; ders., *The Life of St. Macrina by Gregory of Nyssa,* ebenda, S. 333–347.

67   Die zentrale Idee beim *Orlando* stammt möglicherweise aus *She, a History of Adventure,* dem 1887 veröffentlichten und dann mehrmals nachgedruckten Roman von Henry Ridder Haggard.

68   Vgl. P. Viallaneix, Vorwort zu J. Michelet, *La sorcière,* Paris 1966, S. 20.

69   Vgl. M. M. Postan, Vorwort zur *Storia economica Cambridge,* III, it. Übers. Turin 1977, S. 13. Zu Eileen Power in paralleler Betrachtung zu Bloch, vgl. N. Zemon Davis, *History's Two Bodies,* in ›American Historical Review‹, 93 (1988), S. 1–30, vor allem S. 18 ff. [dt. ›Die zwei Körper der Geschichte‹, in F. Brandel u. a., Der Historiker als Menschenfresser, Berlin 1990].

70   Vgl. E. Power, Medieval people, Boston/New York 1924.

71   Ebenda.

72   Ebenda. Man bedenke, daß im vorherigen Satz »gewiß« die Bedeutung von »sehr wahrscheinlich« hat (ein unter Historikern verbreitetes Laster; ich weiß nicht, ob es unter Richtern auch so ist).

73   Vgl. Zemon Davis, Die zwei Körper… op. cit.; dort wird auch verwiesen auf E. Power, *On Medieval History as a Social Study, In ›Economica‹,* n. s., 1 (1934), S. 13–29, vor allem S. 20–21 (wo Max Weber kritisiert wird).

74   Vgl. F. Furet, *Pour une définition des classes inférieures à l'époque moderne,* in ›Annales ESC‹, XVIII (1963), S. 459–474, insbesondere S. 459 (zitiert in C. Ginzburg, *Der Käse und die Würmer. Die Welt eines Müllers um 1600,* Berlin 1990, S. 16).

75   Vgl. Zemon Davis, *Die wahrhaftige Geschichte* op. cit., S. 19–20.

76   Dies., Die zwei Körper… op. cit.

77   Vgl. C. Ginzburg, *Beweise und Möglichkeiten* op. cit., insbesondere S. 190, und 207–208.

78   Auf dem letztgenannten Punkt beharrt insbesondere Calamandrei in dem zitierten Aufsatz *Il giudice e lo storico.* Er erkennt die Wahrhaftigkeit der von Croce in der *Filosofia della pratica* formulierten These an, wonach die Tätigkeit der Rechtsprechung, die in

der Phase der Überprüfung der Tatbestände der historiographischen Erkenntnis gleichzusetzen ist, in ihrer an den Moment der Willensbildung geknüpften Schlußphase (dem Urteil) zum politischen Akt wird. Calamandrei bemerkt, daß diese These, die er auf rein theoretischer Ebene als wahr bezeichnet, Gefahr läuft, extrem gefährliche praktische Konsequenzen zu haben in einer Situation, in der nach dem Modell Sowjetrußlands und Nazideutschlands auch in Italien von verschiedenen Seiten vom Richter gefordert wird, er solle »einen politischen Willen ausdrücken, der mit seinem Urteil entsteht und sich behauptet« (das bezieht sich auf ähnliche Positionen wie sie zur gleichen Zeit G. Maggiore, im weiter unten genannten Aufsatz *Diritto penale totalitario nello stato totalitario* vertritt). Calamandrei schließt mit dem Vorschlag ab, der Richter »möge sich weiterhin als nichts anderes als einen bescheidenen und getreuen Historiographen des Gesetzes betrachten und dementsprechend handeln«, wobei er »einen philosophischen Fehler begeht, aber einen praktisch harmlosen Fehler, der die Justiz nicht berühren wird« (S. 125). Die erklärte theoretische Schwäche dieser Kompromißlösung zu diskutieren, ist hier belanglos.

79   Vgl. Ferrajoli, *Diritto e ragione* op. cit., S. 491.

80   Vgl. Momigliano, *Lo sviluppo* op. cit., S. 8, zitiert von G. Levi, *Les usages de la biographie,* in ›Annales ESC‹, 44 (1989), S. 1325–36; für eine Reflexion über die heutige Bedeutung dieser Themen lohnt es sich, diesen Text anzusehen. [dt. ›Vom Umgang mit der Biographie‹. In: ›Freibeuter‹, Nr. 46 (Berlin 1990)]

81   Vgl. G. Maggiore, *Diritto penale totalitario nello stato totalitario,* in ›Rivista italiana di diritto penale‹, XI (1939), S. 159.

Postskriptum

D ie Urteilsbegründung zur Verurteilung Adriano Sofris und seiner Mitangeklagten ist endlich bekanntgegeben worden. Sie umfaßt 753 Seiten (plus Inhaltsverzeichnisse), auf denen unter Angabe einer Fülle von Details die Gründe erläutert werden, die das Mailänder Schwurgericht zur Verhängung der bereits erwähnten harten Haftstrafen bewogen.

Dieses Dokument unter fachlichem Gesichtspunkt zu beurteilen, steht mir natürlich nicht zu. Mir geht es auch jetzt wieder um Gemeinsames und Trennendes im Verhältnis zwischen Richtern und Historikern. Um die Gegenüberstellung zu erleichtern, habe ich es vorgezogen, die zwei Phasen der Ausarbeitung meines Textes strikt voneinander getrennt zu halten. Auf diese Weise kann der Leser klar nachvollziehen, auf welchem Weg die Mailänder Richter zu Schlüssen gekommen sind, die von den meinen derart weit entfernt sind.

a. *Die Carabinieri.* Meine Leseart der Prozeßunterlagen legte viel Gewicht auf das Auftreten der Carabinieri im Gerichtssaal und auf die damit verbundene Rückdatierung ihrer Kontakte zu Marino. Zu diesem Punkt stellt das Urteil fest:

> »Selten wird man einen Prozeß abhalten, in dem die Quelle der Beweise aus den Aussagen eines Angeklagten gegen die anderen Tatbeteiligten besteht, ohne daß der Verdacht erhoben wird, Carabinieri oder Polizei oder einzelne Richter hätten vielfältigen Druck ausgeübt, indem sie etwa Häftlingen, die zu allem bereit waren, Vergünstigungen oder Vorteile in Aussicht stellten oder die Beziehungen zu Angeklagten, die mit der Justiz zusammenarbeiten, allzu ›persönlich‹ gestalteten. Im vorliegenden Fall war Marino nicht nur kein Häftling, Angeklagter oder Verdächtiger – weshalb nicht einzusehen ist, welches Mittel wohl eingesetzt wurde, um ihn zu ›zwingen‹, sich selbst eines Mordes und weiterer Straftaten zu bezichtigen –, sondern die auf Initiative dieses Gerichts geladenen Carabinieri selbst waren es, die den Belastungszeugen widerlegten und in einem Punkt seine Glaubwürdigkeit in Frage stellten; obwohl es nun im weitesten Sinne zu den Tätigkeiten der Verteidigung gehört, tadelnswertes oder die Glaubwürdigkeit des Belastungszeugen beeinträchtigendes Prozeßverhalten zu unterstellen, besteht doch in diesem konkreten Fall kein Zweifel, daß die Vermutung einer geheimen Absprache zwischen den Carabinieri und Marino jeder Grundlage entbehrt« (*Urt.*, S. 215–216).

Wie man sieht, spricht das Urteil weder davon, daß die Carabinieri fast zwei Jahre abwarteten, bis sie den Belastungszeugen (d. h. Marino) widerlegten, noch davon, daß ihre Ladung vor Gericht die Folge der Enthüllungen eines Zeugen (Don Regolo Vincenzi) ist, die die offizielle Version von Marinos Reuegeschichte zerstört hatten. Eine Argumentation, die zu diesen beiden wesentlichen Punkten (s. o., Kap. X ff.) schweigt, scheint mir »jeder Grundlage zu entbehren«: in dem Sinn, daß sie sämtliche Zweifel bestehen läßt, die sie ausräumen möchte.

b. *Der Kontext und die Beweise: die Raubüberfälle.* In Kap. XVII hatte ich versucht, anhand der nach Ende des Prozesses von Staatsanwalt Spataro gemachten Äußerungen die Argumentation, die zur Verurteilung geführt hatte, in ihrer Bedeutung zu entziffern. Ich hatte sie so rekonstruiert:

»... wenn 1) die Überfälle, an denen Marino behauptet, beteiligt gewesen zu sein, nachgewiesen sind; wenn 2) ein Teil derselben, laut Marino, im Auftrag des sogenannten illegalen Ablegers von Lotta Continua organisiert wurde; dann können 3) die Geständnisse Marinos über die von der sogenannten Leitung beschlossene Verurteilung Calabresis zum Tode und 4) über die von Pietrostefani und von Sofri eingenommene Rolle als Anstifter akzeptiert werden, auch wenn sonstige Nachweise fehlen.«

Die Lektüre der Urteilsbegründung ergibt, daß meine Rekonstruktion zutrifft. Ich will nicht noch einmal ausführen, warum ich diese Argumentation, die einen wahren oder vermeintlichen Kontext an die Stelle fehlender Beweise zu einzelnen Straftaten – in diesem Fall die Ermordung Calabresis – setzt, für völlig unannehmbar halte (siehe oben, Kap. XVII und XVIII). Das Gericht hat sich diese Argumentation zu eigen gemacht: allerdings mit einigen Widersprüchen.

Fangen wir bei den Raubüberfällen an. In diesem Zusammenhang wurden nicht alle Anschuldigungen Marinos aufgegriffen. Mottura, Bompressi und Pedrazzini zum Beispiel, die laut Marino an einem Überfall auf eine Bank in Saluggia (ersterer) und auf die Fabrik »Nuovo Pignone« in Massa (die anderen beiden) teilgenommen hatten, wurden wegen erwiesener Unschuld freigesprochen. Zu Bompressi und Pedrazzini ist in der Urteilsbegründung zu lesen:

»Es muß hervorgehoben werden, daß die weiteren Elemente, die Marinos Aussagen bekräftigen, nicht nur in Hinblick auf die einzelnen Angeklagten zu berücksichtigen sind (da wo der Belastungszeuge Bompressi und Pedrazzini nennt, wird dort eine etwa 1,80 m große, braunhaarige Person bemerkt und eine weitere mit Brille), sondern auch in Hinblick auf den einzelnen Vorfall (Bankraub in Saluggia: Marino berichtet, außer dem »Veneter« seien Bompressi, Pedrazzini und Sibona in die Bank gegangen, und die Zeugen beobachten eine etwa 1,80 m große Person und einen Brillenträger).
Der Umstand schließlich, daß beim Überfall auf die »Nuovo Pignone« kein Hinweis auf die Teilnahme Bompressis und Pedrazzinis vorliegt – weshalb man, da Fehler sich nicht ausschließen lassen, es für richtig befunden hat, sie von diesem Vorfall freizusprechen, dieser Umstand beeinträchtigt in keiner Weise Marinos Glaubwürdigkeit, sei es weil ersterer nicht konkret an der Aktion teilnimmt, sei es weil die Geschädigten in einer plötzlichen Aktion mit gezogener Waffe in ihrem Fahrzeug festgehalten wurden; und in der Tat konnten sowohl letztere [*N. B. die Geschädigten, nicht die Waffen*] als auch der Zeuge Pucciarelli, der hinzukam, als die Räuber die Flucht antraten, nur von einigen der Räuber eine summarische Beschreibung geben« (*Urt.*, S. 746–747).

Diese Argumentation, die dem Anschein nach auf einem rechtsstaatlichen Skrupel beruht, offenbart in Wirklichkeit etwas ganz anderes: daß nämlich bei der Suche nach Entsprechungen zu den Anschuldigungen Marinos nicht viel Federlesens gemacht wurde. Alles in allem sind ein Räuber mit einer Körpergröße von 1,80 oder ein Räuber mit Brille nicht so seltene Wahrscheinlichkeiten, daß sie eine unzweifelhafte Identifizierung zulassen. (Ich schließe nicht aus, daß ich dies aus eigenem Interesse sage, da ich 1,80 groß bin und oft eine Brille trage.) Aber für Sibona und Gracis, die ebenfalls von Marino beschuldigt wurden, an dem Raubüberfall auf die »Nuovo Pignone« teilgenommen zu haben – eine Straftat, die verjährt ist, nachdem mildernde Umstände gewährt worden waren –, wurden nicht einmal Nachweise dieser (irrelevanten) Tragweite ausfindig gemacht.

Von Sibona heißt es:

> »Eventuelle Fehler hinsichtlich der Identifikation dieses Angeklagten als Beteiligtem an den Raubüberfällen auf die Bank in Saluggia und auf das Werk »Nuovo Pignone« werden durch den Vorfall mit dem Kind ausgeschlossen, das während der Aktion an die Tür der Bank klopfte, beziehungsweise durch den ›Vorfall Di Calogero‹ [der – laut Marino – in das versuchte Attentat auf einen rechten Politiker verwickelt war]: es handelt sich um besondere Vorkommnisse, deren immanenter Gehalt in berechtigter Weise ausschließt, daß der Belastungszeuge Sibona fälschlich mit jenen Vorfällen in Verbindung gebracht habe« (*Urt.*, S. 742–743).

Es braucht keine sonstigen Nachweise: Marino liefert den Beweis für die Wahrheit der Aussagen Marinos. Marino kann, zumindest in diesen beiden Fällen, nicht fehlgehen (die Möglichkeit, daß er die Unwahrheit sagt, wird nicht einmal in Betracht gezogen).

Und Gracis? Gracis

> »lehnte jede Schuldzuweisung ab und behauptete, er sei im Sommer '71 gleich nach dem Kongreß in Bologna bis Ende August mit Freunden nach Spanien gefahren. Diesen Urlaub erwähnt in der Tat auch Marino, der jedoch behauptet, Gracis fuhr nach Spanien, aber erst nach dem Raubüberfall; und genau gesehen ist das ein Punkt, der für die Anklage spricht, da doch auf der einen Seite nicht nachgewiesen ist, daß der Angeklagte Ende Juli weggefahren ist, und auf der anderen Seite nicht zu verstehen ist, wie Marino von diesem Urlaub Gracis' habe erfahren können« (*Urt.*, S. 744–745).

Schlagende Beweise, wie man sieht. Es braucht nicht viel Vorstellungsvermögen, um einzusehen, daß Marino von Gracis' Urlaub von irgend jemand erfahren haben konnte (beispielsweise von Gracis selbst). Reicht der Umstand, daß Gracis tatsächlich nach Spanien in Urlaub fuhr (wann, wissen wir nicht) aus, um nachzuweisen, daß Marino die Wahrheit sagt, wenn er ihn als Bankräuber hinstellt? Daß Marino tatsächlich an einigen von ihm beschriebenen Raubüberfällen teilgenommen hat, steht außer Zweifel. Wie kann man aber in Ermangelung entsprechender Nachweise ausschließen, daß er Unschuldige mit hineinzog?

c. *Der Kontext und die Beweise: die Leitungssitzung.* Das bisher Gesagte zeigt, daß in der vom Gericht übernommenen Argumentationskette die von Marino beschriebenen Raubüberfälle, die eigentlich die Existenz einer illegalen Struktur von Lotta Continua beweisen sollten, ein schwaches Glied darstellen. Ein weiteres Glied aber ist ein reines Phantom: der von der Leitung von Lotta Continua gefaßte Beschluß, Calabresi umzubringen. Marino, der auch in diesem Fall die einzige Quelle ist, gab im Ermittlungsverfahren an, der Beschluß sei mehrheitlich gefaßt worden: und nannte sogar die Namen der Befürworter und der Gegner. Von den letzteren dementierte Marco Boato (der im übrigen nicht Mitglied im Leitungsausschuß war) unverzüglich und entrüstet, und verlangte unter Anklage gestellt zu werden, um den Nachweis der eigenen Unschuld führen zu können. Seine Forderung wurde nicht erfüllt. Sowohl Boato als auch Viale, ein weiteres Mitglied der Leitung, das (nach Marinos Version) gegen Calabresis Ermordung gestimmt hatte, wurden lange als Zeugen vernommen. Weder dem einen noch dem anderen stellte der Präsident Fragen zur angeblichen Leitungssitzung. Dies ließ den Eindruck entstehen, Marino werde in diesem ganz ausschlaggebenden Punkt für unglaubwürdig gehalten. Beim Lesen der Urteilsbegründung aber entdeckt man, daß die Leitungssitzung dazu dienen mußte, um ein (man beachte) vom Präsidenten selbst während der Verhandlung (Sitzung am 15. Januar: oben, Kap. V) aufgeworfenes Problem zu lösen:

> »Pietrostefani hatte ihn [Marino] damals nach dem Tod Serantinis informiert, daß die Sache wegen dieses Ereignisses zeitlich vorzuziehen sei. Der Umstand, daß das Datum feststand, steht keineswegs in Kontrast zu Marinos Darstellung, da der Beschluß von der Leitung kam und Pietrostefani genau wußte, daß Sofri einverstanden war, und folglich war er sicher, daß Marino mitmachen würde, da Sofri gar nicht anders konnte (sic!) als ihm zu bestätigen, was Pietrostefani Marino selbst schon berichtet hatte: nämlich daß der Beschluß von dem besagten Gremium kam und daß Sofri einverstanden war.
> Weswegen einerseits der Gegenstand des Gesprächs in Pisa so fest umrissen war und es andererseits nach Erhalt dieser Bestätigung nicht viel zu besprechen gab; auch war es für Pietrostefani nicht nötig zu erfahren, ob Marino seinen Vorbehalt ausgeräumt hatte oder nicht, weil ihm völlig klar war, zu welchem Ergebnis jenes Gespräch führen würde« *(Urt., S. 516–517).*

Wie diese »völlige Klarheit« Pietrostefanis mit den Zweifeln, den Vorbehalten und den Sorgen in Einklang zu bringen ist, die Marino (nach eigenem Bekunden) in seinem Gespräch mit Sofri in Pisa ausgedrückt hatte (siehe oben, Kap. V), bleibt offen. Da ist aber noch ein größeres Problem. Die in der Urteilsbegründung formulierte Argumentation baut auf einem Ereignis auf, dessen Existenz, wie gesagt, einzig und allein durch die Aussagen Marinos belegt ist: die Versammlung, in der die Leitung von Lotta Continua den mehrheitlichen Beschluß gefaßt haben soll, Calabresi umzubringen. Zu diesem Punkt ist gegen Ende der Urteilsbegründung zu lesen:

> »Marino berichtete, er habe von Brompressi, Pietrostefani und Sofri erfahren, daß der Beschluß [Calabresi umzubringen] von der Landesleitung kam,

und auch die Informationen darüber, daß nicht alle damit einverstanden waren, stammen aus zweiter Hand.

Wer konkret an jener Entscheidung teilnahm, ist nicht zu erfahren, es erscheint aber als wahrscheinlich, daß eine solche Verantwortung nicht von Sofri und Pietrostefani allein übernommen wurde, sondern von der Führungsgruppe (ob diese nun identisch war oder nicht mit allen Mitgliedern, aus denen das Gremium bestand, ob einstimmig oder nicht), wenngleich sie die einflußreichsten Personen dieser Gruppe waren: Sofri sagt von sich, der Gründer und Führer der Bewegung gewesen zu sein [...] und Pietrostefani bezeichnet er als ›eine sehr angesehene und bekannte Figur innerhalb von L. C. [...]‹ und dieser [Pietrostefani] erklärte, ein nationaler Führer der Bewegung gewesen zu sein.

Wenn nun der Mord aus dem bereits genannten Grund Lotta Continua anzulasten ist, wenn Hypothesen ausgeschlossen werden können, wonach er ein isolierter Akt Marinos und der anderen Person war, die das Attentat konkret ausgeführt hatte, oder beider als Anhänger irgendeiner internen Fraktion der Bewegung, wenn der Mord nicht anders als vom Leitungsgremium von Lotta Continua beschlossen worden sein konnte – in dem Sofri und Pietrostefani, formell abgesegnet oder nicht, den Ton angaben – und wenn innerhalb der Organisation eine illegale, auf Beschluß dieses Gremiums und insbesondere dieser zwei Personen entstandene Unterorganisation bestand, um die Organisation zu finanzieren, und wenn an der Aktion ein Mitglied dieser Unterorganisation teilnahm, so stellt dies alles nach Auffassung des Gerichts einen Nachweis für die Belastung Sofris und Pietrostefanis als Tatbeteiligte dar« (*Urt., S. 705–707*).

»Wenn..., wenn..., wenn...« In dieser Argumentation ist alles verschwommen, angefangen bei der berüchtigten Leitungssitzung: die einerseits unüberprüfbar ist, da nur indirekt bekannt, aber andererseits notwendig, um Lotta Continua (in der Person zweier ihrer angesehensten Führungskader) in die Planung und die Ausführung der Ermordung Calabresis einzubeziehen. Marino (so die Urteilsbegründung) hatte es nicht nötig, Pietrostefani von seinem Gespräch mit Sofri in Kenntnis zu setzen, weil nach der Leitungssitzung Pietrostefani bereits wußte, daß Sofri einverstanden war: aber die Quelle für die Leitungssitzung, für das Gespräch zwischen Marino und Sofri in Pisa, für die vorangegangenen Gespräche zwischen Pietrostefani und Marino ist stets und ausnahmslos er allein: Marino. Wie kann man denn in einem solchen Zusammenhang von »Nachweis« reden? Es gibt keine Nachweise: es gibt allein die Aussage Marinos. Aber ist Marino denn glaubwürdig?

d. *Marinos Glaubwürdigkeit.* Mit der Beantwortung dieser Frage steht und fällt der ganze Prozeß. Das Gericht hat die Frage, wie wir wissen, mit Ja beantwortet. Die Urteilsbegründung zeigt uns, in welcher Weise die Frage formuliert worden war:

»Es geht darum [...] zu prüfen, ob zur Beurteilung der Glaubwürdigkeit die übrigen Beweiselemente die Aussagen zu jedem Punkt bestätigen müssen oder ob es vielmehr ausreicht, daß sie die Aussagen des Mitangeklagten in ihrer Gesamtheit bestätigen. [...] Eine jederzeit und in jedem Fall gültige Regel läßt sich nicht aufstellen, und eine Bewertung ist unter Berücksichtigung der Besonderheiten des konkreten Falls von Mal zu Mal vorzunehmen.

Bei der Beurteilung von Aussagen zum Beispiel, die wenige, leicht einzugrenzende Fakten betreffen, stehen dem Richter für die Beurteilung der Glaubhaftigkeit generell nur wenige Elemente zur Verfügung. In diesen Fällen empfiehlt es sich, die Aussagen zu trennen und nur die erwiesenen Fakten heranzuziehen, und mithin eine Anerkennung der Glaubhaftigkeit im Wege der Übertragung zu vermeiden.

Anders ist es, wenn die Aussagen zahlreiche Fakten und eine große Anzahl von Personen in einer Fülle von Situationen betreffen. Dann kann das Fehlen eines Beweiselements (wegen der Unmöglichkeit, es zu erbringen, wegen der vielen verflossenen Zeit, wegen Versagens der Ermittlungsbehörden oder sonstigem), das einen Vorfall bestätigt oder eine Person mit dem Vorfall in Verbindung bringt, dazu führen, daß die besagten Aussagen nicht getrennt werden. Allerdings nur, sofern unter Berücksichtigung der Persönlichkeit des aussagenden Mitangeklagten, der Beweiskraft der anderen gewonnenen Beweiselemente, ihrer Art und Menge diese [Beweiselemente] die unvollkommene Nachweisfähigkeit jenes Beweismittels aufgewogen haben [...].

Im vorliegenden Fall liegen übrigens, wie man noch sehen wird, hinsichtlich des Tatbestandes des Mordes spezifische Beweiselemente vor, die die Glaubwürdigkeit des Belastungszeugen sowohl in Hinblick auf den Tatbestand als auch auf die mitbelasteten Personen bestätigen.

Bezüglich der anderen Straftatbestände kam man zur Auffassung, daß die allgemeine Glaubwürdigkeit der Aussagen des Belastungszeugen auch die Beteiligung einiger Angeklagter an den Tätigkeiten der illegalen Unterorganisation nachweist« (*Urt.*, S. 198–199, 201).

Bei der Beurteilung der Aussagen Marinos ließ das Gericht somit die Zulässigkeit der »Anerkennung der Glaubhaftigkeit im Wege der Übertragung« hinsichtlich der Raubüberfälle (»die anderen Straftaten«) zu, und behauptete, in bezug auf den Mord seien spezifische Nachweise gefunden worden. Das sind besorgniserregende Feststellungen. Wir haben gesehen, daß 1) die vermeintliche »allgemeine Glaubhaftigkeit« Marinos zu den Raubüberfällen nicht die Möglichkeit von Fehlern oder Unwahrheiten hinsichtlich einzelner Vorkommnisse ausschließt; 2) die Überfälle haben entscheidendes Gewicht in der Argumentation, die zur Verurteilung Sofris, Pietrostefanis und Bompressis führte. Das Urteil räumt also selbst ein, daß ein nicht näher definierter Teil des Anklagegebäudes auf einer »Anerkennung der Glaubhaftigkeit im Wege der Übertragung« (oder durch Ansteckung) beruht: wenn Marino zu den Punkten a, b, c, die Wahrheit gesagt hat, kann er auch zu den Punkten x, y, z, als glaubwürdig angesehen werden. Aber bei a, b, c, könnte es sich um banale, für den Prozeß irrelevante Umstände handeln; ihr Verhältnis zu x, y, z, könnte aleatorisch sein (siehe oben, Kap. XVII und XVIII). Was dann?

Was aber den Mord betrifft – versichert uns das Urteil –, »liegen spezifische

Beweiselemente vor, die die Glaubwürdigkeit des Zeugen der Anklage [d. h. Marinos] bestätigen«.

Wie die Leser bestimmt noch wissen, war ich bei der Prüfung der Unterschiede (aber in manchem Fall handelte es sich um regelrechte Widersprüche) zwischen Marinos Version und den Aussagen der Augenzeugen der Ermordung zu dem Schluß gekommen (siehe oben, insbesondere Kap. XV), daß Marino hinsichtlich des Mordes aller Wahrscheinlichkeit nach die Unwahrheit sagt. Die Urteilsbegründung greift Punkt für Punkt dieselben Divergenzen auf und kommt zum entgegengesetzten Schluß. Vor der Überprüfung der Stichhaltigkeit ist es nötig, eine weitere Frage zu diskutieren, eine der beunruhigendsten des ganzen Prozesses.

e. *Über die Vernichtung der Beweisstücke.* Das Urteil behauptet, einer der Beweise für den Zusammenstoß zwischen dem Simca Musiccos und dem von den Attentätern gefahrenen blauen Fiat 125 seien die Spuren blauer Farbe, die die polizeitechnische Untersuchungsstelle an der Karosserie des Simca feststellte. In seinem Schriftsatz hatte Rechtsanwalt Pecorella (Verteidiger von Bompressi) festgestellt, daß dieses Argument, um Beweiskraft zu erlangen, eine vergleichende chemische und spektrographische Analyse der Farbe des Fiat 125 und der Farbspuren an dem Simca erfordert hätte. Diese vergleichende Analyse ist aber, wie in der Urteilsbegründung zu lesen ist, »nicht mehr möglich« (*Urt.*, S. 262).

Der Grund dafür ist sehr einfach: das von den Attentätern gefahrene Fahrzeug wurde in der Zwischenzeit vernichtet. Weitere, nicht weniger bedeutende Beweisstücke – die von Calabresi getragene Kleidung, eine der Kugeln, die ihn trafen – erlitten, wie bereits gesagt (oben, Kap. XIV), dasselbe Schicksal. Die Urteilsbegründung liefert die bürokratischen Daten dieser unglaublichen Geschichte:

>»Aus den vom Gericht angeordneten Nachforschungen geht hervor, daß das Kraftfahrzeug von Amts wegen aus dem Kraftwagenzulassungsregister wegen nicht erfolgter Zahlung der Kraftfahrzeugsteuer für die Jahre 1978–1983 gelöscht und am 31. 12. 1988 verschrottet wurde [*der Leser möge diesen Satz noch einmal lesen, C. G.*] [...]; die Kugel wurde gemeinsam mit anderen Beweisstücken auf Anordnung des Vorsitzenden des Mailänder Gerichtshofs vom 15. 2. 87 beseitigt [*genauer: aus Platzgründen versteigert, C. G.*] [...].
>Was die Kleidung von dott. Calabresi betrifft, konnte lediglich festgestellt werden, daß sie zusammen mit seinen Papieren dem damaligen Polizeipräsidenten von Mailand übergeben worden war [...]« (*Urt.*, S. 439).

In der Urteilsbegründung werden diese Vorgänge schamhaft als »administrative Fehlleistungen« bezeichnet. Eineinhalb Zeilen lang werden diese halbherzig mißbilligt. Darauf folgen aber zwei maschinengeschriebene Seiten, in denen vertreten wird, daß die Vernichtung des oben genannten Beweismaterials für den Prozeß ohne Relevanz ist. Die zur Stützung dieser These herbeigezogene, zweifellos gewagte Argumentation ist es wert, im vollen Wortlaut wiedergegeben zu werden.

»Wenn nun in Hinblick auf die administrativen Fehlleistungen die Klagen der Verteidigung zu teilen sind, so ist doch in Hinblick auf den Prozeß zu sagen, daß die mangelnde Aufbewahrung der besagten Beweisstücke, sosehr sie auch zu tadeln ist, in keiner Weise geeignet ist, auf die Gesamtheit des in der Ermittlung und in der Verhandlung gewonnenen Beweismaterials Einfluß zu nehmen.

Hinsichtlich des Fiat 125 liegen sämtliche zur damaligen Zeit von der polizeitechnischen Untersuchungsstelle vorgenommenen Erhebungen vor, und zur Kugel wurden sogar zwei Gutachten erstellt, und es wurde, wie bereits gesehen, die Art der Kugel, die Art der Patrone, in die sie eingebettet war, und ihre Herkunft festgestellt sowie der Typ der Waffe, aus der sie abgefeuert wurde; es wurden morphologische und Maßprüfungen vorgenommen; es wurden Breite und Abstand der von den Stegen im Lauf der Waffe aufgedrückten Riefen gemessen, die Qualität des vorhandenen Antimons mittels neutronischer Aktivierung zu den bereits bekannten Zwecken festgestellt.

Gewiß können Gutachten wiederholt, Akten erneuert werden, sofern es für den Prozeß von Nutzen oder relevant ist.

Zu der von der Verteidigung beklagten fehlenden empirischen Untersuchung über das Ausstellfenster zum Beispiel erklärte Marino in der Verhandlung, noch bevor sich herausstellte, daß der Fiat 125 verschrottet worden war, daß er das Ausstellfenster nicht zerschlagen, sondern es herausgehebelt und dann wieder eingesetzt habe, und daß die Dichtung deshalb an der Stelle, wo der Schraubenzieher angesetzt wird, manchmal etwas bricht, andere Male ein kleines Zeichen zurückbleibt, und in der Tat [*sic,* C. G.] geht aus der Akte der ›polizeitechnischen Untersuchungsstelle‹ keinerlei Aufbrechen des Ausstellfensters hervor.

Es ist nun nicht auszuschließen, daß das kleine Zeichen oder die kleine Bruchstelle an der Dichtung nach achtzehn Jahren noch festzustellen wäre, obwohl sie nicht einmal damals verzeichnet wurde; die spektrographische Untersuchung des Lacks hätte vielleicht manchen Hinweis ergeben können. Der einmal abgesicherte und für den Nachweis der Existenz eines Tatbestands oder der Schuldigkeit eines Angeklagten geeignet befundene Beweis (oder das Nachweisergebnis) hat stets dieselbe Wirksamkeit, unabhängig davon ob er sich auf ein einzelnes oder auf mehrere Beweismittel stützt, auf ein konkretes Beweismittel oder auf eines dokumentarischer, kritischer oder repräsentativer Art.

Wenn ein Tatbestand aufgrund eines Dokuments oder einer Zeugenaussage als gegeben angesehen wird, so entfällt der abgesicherte Beweis nicht einfach deshalb, weil man nicht ein anderes Dokument untersuchen oder einen anderen Zeugen anhören konnte.

Man könnte der Ansicht sein, dieses Dokument oder jene Zeugenaussage seien nicht ausreichend, um das Bestehen eines Tatbestands zu bestätigen; wenn dieses aber als echt und jene als glaubwürdig angesehen wird, wenn der Beweis also abgesichert ist, kann er keine andere Überzeugungskraft haben als der Beweis, der sich auf mehrere Dokumente oder ebensoviele Zeugen stützt. Es ändert sich lediglich das bei der Bewertung des Beweises zu befolgende Verfahren: wenn nur eine einzige Quelle existiert, wird das Verfahren strenger und jeder Aspekt zu berücksichtigen sein; wenn es viele Quellen gibt, wird die Aufgabe des Richters dadurch erleichtert.

Im vorliegenden Fall ist es von daher sicher, daß Marino jenes Fahrzeug entwendete, daß letzteres einen Zusammenstoß mit dem Wagen Musiccos erlitt und daß er [Marino] letztlich an dem Mord teilnahm, weil seine Aussagen durch zahlreiche und unzweifelbare Beweiselemente belegt sind; diesen Nachweis meinen wir auf den vorangegangenen Seiten, auf die somit verwiesen wird, erbracht zu haben« (*Urt.*, 440–442).

Die Argumentation gliedert sich in drei Punkte, die getrennt zu diskutieren sind:

a. Die Beweisstücke konnten ohne weiteres vernichtet werden, da dazu ausführliche Gutachten erstellt worden waren.

b. Eventuelle Gegengutachten hätten das eine oder das andere Ergebnis bringen können.

c. Diese Ergebnisse hätten die anderweitig bereits erreichten Schlußfolgerungen nicht widerlegen können.

Punkt a. scheint implizit einen allgemeinen Grundsatz aufzustellen. Auf den Bereich der Historiographie übertragen, würde er die Vernichtung aller primären Quellen zulassen (Chroniken, Parlamentsakten, Medaillen, usw. usw.), die Gegenstand einer hinreichenden historiographischen Behandlung (eines Gutachtens) waren. Man könnte diese absurden Folgerungen benutzen, um die Grenzen der Analogie zwischen Richtern und Historikern noch enger zu ziehen. Jede Generation stellt an die Vergangenheit (und somit an die Dokumente der Vergangenheit) unterschiedliche Fragen, die auch auf gesicherte Fakten, die kein Mensch anzuzweifeln wagt, ein neues Licht werfen (beispielsweise auf den Sturm auf die Bastille). Richter hingegen müssen hier und jetzt gültige Urteile aufgrund spezifischer Fragen fällen, die sich im Lauf des Verfahrens zwar ändern, aber in jedem Falle nicht bis ins Unendliche neu formuliert werden können. Dies alles ist unzweifelhaft wahr: Ist es aber zulässig, von einem »abgesicherten Beweis« zu sprechen, und daher von einem (vermutlich) definitiven, wenn man sich auf einen lediglich in erster Instanz abgehaltenen Prozeß bezieht? »Gewiß, Gutachten können wiederholt, Akten erneuert werden, sofern…«, ist in der Urteilsbegründung zu lesen: eine Feststellung, die in der Tat ironisch klingt, da doch in diesem Prozeß einige Gutachten nicht neu erstellt werden können. Klarerweise entfällt die Möglichkeit, neue Fragen an das besondere Belegmaterial der Beweisstücke zu richten, wenn diese vernichtet wurden.

Hier greift Punkt b. ein, der wie ein Zugeständnis an die Thesen der Verteidigung klingt. Das Urteil schließt nicht aus, daß die Untersuchung der Dichtung des Fensters des Fiat 125 eine Schramme zutage gefördert hätte, die der polizeitechnischen Untersuchungsstelle entgangen war; es räumt ein, daß eine spektrographische Analyse des Lacks des Fiat 125 »vielleicht manchen Hinweis ergeben hätte«. Das heißt, daß die bisherigen Gutachten nicht erschöpfend waren: daß sie mithin nicht alle möglichen Fragen (und folglich vielleicht nicht alle möglichen Antworten) erschöpfend behandelten.

Damit kommen wir nun zu Punkt c., der sofort die Mängel dieser weder erstellten noch erstellbaren Gegengutachten deutlich macht. Ihre Ergebnisse hätten den »abgesicherten Beweis« angeblich niemals in Frage stellen können.

Wo diese zur Schau getragene Sicherheit herkommt, ist nicht ganz klar. Angesichts der Unmöglichkeit, eine vergleichende chemische und spektrographische Analyse des blauen Lacks des Fiat 125 und der blauen Lackspuren am Simca Musiccos vorzunehmen, verlangt das Urteil, uns mit etwas weniger zufriedenzugeben:

> »[...] ist nicht einzusehen, aus welchem Grund das Vorhandensein blauen Lacks am Simca keinerlei Beweiskraft haben sollte, beinahe als ob zur damaligen Zeit alle Pkws diese Farbe gehabt hätten.
> Es mag sich um einen nicht schlüssigen Nachweis handeln, der keine entscheidende Wirkung hat, da das für das Attentat verwendete Fahrzeug nicht der einzige an jenem Morgen in Via Cherubini verkehrende blaue Pkw war; bestimmt aber kann er nicht als ein an sich unbedeutender Nachweis angesehen werden« (Urt., S. 264).

Aufgrund einer analogen Argumentation wurde, wie der Leser noch wissen wird, jeder 1,80 m große in die von Marino berichteten Raubüberfälle verwikkelte Bankräuber in der Person Bompressis identifiziert, und jeder Räuber mit Brillen in der Person Pedrazzinis. »Wenn nun eine einzige Quelle existiert«, ist in der Urteilsbegründung zu lesen, »wird das [bei der Beurteilung des Beweises zu befolgende] Verfahren strenger und jeder Aspekt zu berücksichtigen sein.«

Wir sind damit unweigerlich zur Einzigkeit der Beweisquelle und somit zur Glaubwürdigkeit Marinos zurückgekehrt. Abstrakt besehen, mag es zutreffen, wie in der Urteilsbegründung zu lesen ist, daß »der Beweis [...] stets dieselbe Wirksamkeit hat, gleich ob er sich [...] auf ein konkretes Beweismittel stützt oder auf eines dokumentarischer, kritischer oder repräsentativer Art«. In der Praxis aber antworten unterschiedliche Quellen in unterschiedlicher (und unterschiedlich erschöpfender) Weise auf dieselben Fragen. Dies gilt mit Sicherheit für die Historiker: die Lebensgeschichten der Heiligen liefern wertvolle Indizien für die Geschichte ländlicher Kultur im Hochmittelalter, sind aber nicht in der Lage, die Grundbücher zu ersetzen, aus denen unter anderem der Name Bodos hervorgegangen ist (oben, Kap. XVIII). Auch die Richter aber befinden sich, wenn ich nicht irre, vor analogen Schwierigkeiten. In dem Prozeß, um den es hier geht, kam wegen der erfolgten Vernichtung der Beweisstücke die Möglichkeit abhanden, Marinos Behauptungen zu einigen entscheidenden Punkten, etwa zur Tatwaffe, zu überprüfen. Die Urteilsbegründung gibt zu verstehen, daß die polizeitechnische Untersuchungsstelle alle erdenklichen Untersuchungen vornahm und dabei zu unanzweifelbaren Schlußfolgerungen kam. In Wirklichkeit ist die Sache komplizierter. Marino behauptete, daß die von Bompressi benutzte Pistole eine Smith & Wesson mit langem Lauf war (die laut Urteil aus einer in der Turiner Waffenhandlung »Marco Leone« gestohlenen Partie stammt). »Zwei von nachweislich erfahrenen und vertrauenswürdigen Sachverständigen durchgeführte, amtliche technische Gutachten« kamen zu dem Schluß, daß die Breite der Spuren und der Abstand der Riefen an der Kugel nur von zwei Arten von Pistolen stammen konnten: Smith & Wesson 38 special und Hopkins & Allen (Urt., S. 317). Beide Gutachter entschieden sich eindeutig für die Smith & Wesson. Die Verteidigung aber hatte nachgefragt, ob die Möglichkeit bestehe, von den unverbrannten Pulverrückständen der Kugel auf die Länge des Pistolenlaufs (und somit auf das entsprechende Modell) zu schließen. Einer der Gutachter, Ingenieur Salza, hatte es nicht ausgeschlossen, hatte aber klar zu verstehen gegeben, daß die Unmöglichkeit, anhand der Kugel ein Gegengutachten zu erstellen, es nicht zuließ, diesbezüglich zu sicheren Schlußfolgerungen zu kommen:

> »Naja, ich habe über das Problem nachgedacht. Womöglich hängt das Vorhandensein dieser Rückstände von vielen Faktoren ab, von vielen Variablen, unter anderem, denke ich, auch von der Länge des Laufs. Aber leider verfügen wir nicht über dieselben Patronen, dieselben Kugeln. Also offen gesagt hätte das Resultat nicht den Wert, daß man darauf ein sicheres Urteil bauen könnte, ein gesichertes Urteil, wie Sie es sich natürlich erwarten. Es hätte einen im wesentlichen richtungsweisenden Wert […] (*Urt.*, S. 322).

Die Urteilsbegründung stellt fest, daß die für den Mord benutzte Pistole »offensichtlich dazu bestimmt war, nach dem Attentat vernichtet zu werden (elementare Vorsichtsmaßnahme, die von jemand zu erwarten ist, der sich anschickt, einen Polizeikommissar zu ermorden)« (*Urt.*, S. 317). Völlig richtige Bemerkung. Es ist nun wirklich zu mißbilligen, daß in der Zwischenzeit auch die aus dieser Pistole abgefeuerte Kugel vernichtet wurde, die von dieser Kugel durchbohrte Kleidung und der Wagen, der sich mit denjenigen entfernte, die die Schüsse aus dieser Pistole abgegeben hatten.

Nach Auffassung des Gerichts hat das alles, wie wir gesehen haben, keinerlei Wirkung auf den Prozeß. Das ist eine hyperbolische Feststellung, vergleichbar mit einer Glaubensbekundung. (»Ich schenke dir soviel Glauben, Marino, daß ich für dein Wort bereit bin, auf alle Beweisstücke dieser Welt zu verzichten.«) Von einem Urteil in einem Mordprozeß würden wir uns eine nüchternere Haltung erwarten.

f. *Die Glaubwürdigkeit Marinos: die Frau am Steuer.* Wenn der Fiat 125 von Marino gefahren wurde, weshalb sahen dann verschiedene Augenzeugen eine Frau am Steuer? Dieser nicht gerade nebensächliche Widerspruch wird in der Urteilsbegründung, die an anderen Stellen ausufernd langatmig ist, sehr eilig abgehandelt (S. 407–414; und siehe oben, Kap. XV, e). Dal Piva und Pappini beispielsweise, die behauptet hatten, der Wagen wurde von einer Frau gefahren, werden aus folgenden Gründen als unglaubwürdig hingestellt: Erstere, weil sie vor Gericht behauptete, einen Mann und eine Frau aus dem Fiat 125 aussteigen und sich einem Alfa Romeo Giulia *nähern* gesehen zu haben: in dem Moment (sagte sie) »senkte ich den Kopf, hob ihn wieder, und sah dann niemand mehr«. Achtzehn Jahre vorher, gleich nach dem Attentat, hatte sie statt dessen gesagt, das Paar in den Giulia *einsteigen* gesehen zu haben: »Der Kontrast ist derart unüberwindlich«, heißt es in der Urteilsbegründung, »daß er sich auf die ganze Zeugenaussage niederschlägt« (*Urt.*, S. 409) – und die umfaßte, wie der Leser noch wissen wird, eine minuziöse Beschreibung des Körperbaus und der Kleidung der Frau am Steuer des Fiat 125. Pappini hingegen, der überzeugt war, die Person am Steuer sei eine Frau gewesen, da sie lange Haare hatte, wird als wenig glaubwürdig angesehen, da er farbenblind ist: ein

Umstand, der wohl seine Bemerkung über die (braune) Haarfarbe beeinträchtigt, nicht aber die andere über die Länge der Haare.

Glaubwürdig ist hingegen, nach Ansicht des Gerichts, die Zeugenaussage Gnappis, der von »langen und ein wenig gewellten Haaren« gesprochen hatte, »nach Art, weiß nicht, einer Dame [...] dunkel waren sie (ganz dunkel)«; Haare, die ihn zu der Annahme verleiteten, am Steuer des Wagens der Attentäter sei eine Frau gewesen, oder vielleicht ein Langhaariger. Die Urteilsbegründung kommentiert:

> »Marino hatte in der Verhandlung (Bl. 127–128) vor der Aussage Gnappis erklärt, er habe damals ›lange...‹, sehr lange Haare getragen, struppig einfach‹, die ein bißchen dazu neigten ›abzustehen‹ und ein bißchen ›gewellt‹ waren (vgl. Bl. 2180)« (*Urt.*, S. 413).

Die Passage, in der Marino während der Verhandlung die eigenen Haare als »struppig« beschreibt, erwähnte ich oben bereits kurz (Kap. XV, e). Jener Ausdruck war aber Teil eines komplexen Spiels von Fragen (des Vorsitzenden) und Antworten (Marinos), das es sich lohnt wiederzugeben:

Marino: »Ich hatte lange... sehr lange Haare, also (struppig, einfach).«
Vors.: »Struppig, oder sehr lang?«
Marino: »Naja, sehr lang. Ich... Ja, ich habe eine Frisur die, wenn ich die Haare lang habe...«
Vors.: »Naja, man sieht's...«
Marino: »... neigen sie dazu...«
Vors.: »... abzustehen.«
Vors.: »Folglich hatten Sie eine ganze Fülle von Haaren?«
Marino: »Ja.«
Vors.: »Ein wenig gelockt? Immer so, mehr oder weniger?«
Angekl.: »Etwas gewellt.«
Vors.: »Etwas gewellt« (Verhandl., S. 127–128).

Das Urteil spricht von »einigen Übereinstimmungen (›lange‹ und ›gewellte‹ Haare, Farbe derselben) zwischen den Aussagen Marinos und den späteren Aussagen Gnappis« (*Urt.*, 412–413). Um die Anspielung auf die »späteren Aussagen« zu bewerten, ist daran zu erinnern, daß Gnappi als einer der Augenzeugen gleich nach dem Attentat *schon* gehört worden war. Aber die einschränkende Angabe »einige Übereinstimmungen« ist angemessen. Die Person am Steuer, hatte Gnappi gesagt:

> »blickte stets geradeaus und rührte sich nicht, wenigstens als ich das Auto ansah, ich habe sie einen Augenblick lang angeguckt, da ich sie gern gesehen hätte, aber ich habe nur eine Menge Haare gesehen«.

Noch ein Auszug aus dem Gespräch zwischen dem Vorsitzenden und Marino:

Vors.: »Ich wollte Sie fragen: Hatten Sie zu jener Zeit, d. h. am 17. Mai, einen Schnurrbart?«
Marino: »Ja, ich hatte einen Schnurrbart.«
Vors.: »Einen auffälligen? Einen dünnen? Nach Art...«
Marino: »Nein. Einen sehr auffälligen.«
Vors.: »Einen sehr auffälligen.«

Es ist zu vermuten, daß die Person am Steuer des Fiat 125 keinen Schnurrbart hatte, andernfalls wäre Gnappi nicht zu dem Schluß gekommen, es handele sich um eine Frau oder um einen Langhaarigen.

g. *Die Glaubwürdigkeit Marinos: die Zeugen Pappini und Decio.* Im ersten Teil zitierte ich lange aus der Vernehmung des Zeugen Pietro Pappini, der am Morgen des Attentats am Steuer eines Alfa Romeo 2000 die Via Cherubini entlangfuhr, hinter dem von den Attentätern gefahrenen Fiat 125 (oben, Kap. XV, *c, d*). Die Urteilsbegründung führt auch längere Stellen aus dieser Vernehmung an (*Urt.*, S. 381–390), um die absolute Unglaubwürdigkeit Pappinis zu untermauern. Glaubwürdig ist für das Gericht hingegen eine andere Zeugin, Margherita Decio, die sich am Steuer eines Bianchina gleich hinter dem von Pappini gefahrenen Alfa Romeo befand. Die Schilderung Pappinis und die Decios war von der Verteidigung (und auch vom Autor: oben, Kap. XV, *c*) als im wesentlichen übereinstimmend angesehen worden, und als abweichend von der Schilderung Marinos.

»Dies ist nicht ganz zutreffend – heißt es im Urteil – und zwar aus folgenden Gründen.« Schauen wir sie uns an:

»Pappini spricht von einem blauen Fiat 125, der ›sehr langsam vorwärtsfuhr‹ (vgl. Prot. 17. 5. 72), ›ziemlich langsam fuhr‹ (Prot. 25. 5. 72); in der Verhandlung bekräftigt er, daß das Auto ›langsam‹ fuhr, ›sachte‹, nachdem er zuvor behauptet hatte, ›diesen Wagen dort anhalten‹ gesehen zu haben, ›und einen, der gerade ausstieg, oder einstieg, daran kann ich mich jetzt nicht mehr erinnern‹« (Bl. 905, 909, 913).

Decio spricht in der Verhandlung von einem ›blauen 125, der fast stand, das heißt sehr langsam fuhr‹ (Bl. 1105), ›zwischen dem ersten und dem zweiten Schuß fuhren wir sehr langsam, aber wir fuhren, und dann hielten wir an‹ (Bl. 1106).

Es geht nun nicht darum, zu unterscheiden zwischen ›langsam‹, ›sachte‹, ›anhalten‹ oder ›fast anhalten‹; nehmen wir daher ruhig an, wie es die Verteidigung macht, die zwei Zeugen behaupteten übereinstimmend, daß das Fahrzeug ›fuhr‹.

Worauf es ankommt, ist, den Zeitpunkt festzustellen, von dem ab der Fiat 125 ›langsam‹ vorwärtsfährt, denn es ist eines, zu sagen, der Fiat 125 fuhr langsam vorwärts (wie es Pappini tut), bevor der Kommissar die Straße überquerte, bevor der Fiat 125 anhielt, um den Attentäter aussteigen zu lassen, usw., und ein anderes ist es, zu sagen (wie Frau Decio), ›[...] kaum befand ich mich in Via Cherubini, fuhr ich langsamer, da der Wagen vor mir langsamer fuhr, weil noch davor ein Fiat 125 war, der fast stehenblieb, das heißt der fuhr sehr langsam. An dem Punkt hörte ich einen Schuß.‹

In Decios Bericht ist die Abfolge der Ereignisse eine rasche: sobald sie in die Via Cherubini kommt, bremst sie ab, weil der andere abbremst, sucht den Grund für die Verlangsamung (Bl. 1108) und sieht den fast stehenden oder langsam fahrenden Fiat 125; in dem Moment hört sie einen Schuß (Bl. 1105), noch ein paar Meter und sie hört noch einen Schuß und die Autos halten an.

Zweifelsohne hat das ›langsame Vorwärtsfahren‹ Pappinis (der es lange vor den Schüssen ansetzt; dafür spricht, daß der Kommissar die Straße überquert, das Auto anhält, der Attentäter aussteigt und zwischen den beiden Autos durchgeht, der Fiat 125 langsam wieder anfährt und erst darauf die Schüsse zu hören sind) eine völlig andere Bedeutung als das ›langsame Vorwärtsfahren‹ Decios (jene paar Sekunden vor dem zweiten Schuß).

Decios Version stimmt völlig mit der Darstellung Marinos überein: ›Genau in dem Moment, in dem Dr. Calabresi sich anschickte, die Straße zu überqueren, legte ich den Rückwärtsgang ein, um mich – sagen wir – in die Nähe der Stelle zu begeben, wo sich dies ereignete, damit ›Enrico‹ [= Bompressi] in den Wagen einsteigen konnte, ohne eine allzulange Strecke gehen zu müssen, weshalb ich dieses Stück rückwärts fuhr und ich mich... rückwärts um, ich weiß nicht, zehn – fünfzehn Meter... also, um mehr oder weniger in die Höhe der Stelle zu kommen, wo sich diese Sache abspielte, also‹ (Prot. Verhandl., Bl. 110)« (*Urt.*, S. 396–398).

Die exegetischen Verrenkungskünste des Verfassers der Urteilsbegründung sind uns bereits bekannt. In bezug auf den Unfall am Parkplatz hält er Musicco für unglaubwürdig und Marino für glaubwürdig – auch dort, wo ihre (in diesem Punkt vielleicht beide fehlerhaften) Darstellungen übereinstimmen: »in Wirklichkeit sind die Situationen gänzlich verschieden«. Hier wird Pappini als unglaubwürdig bezeichnet und Decio als glaubwürdig, obwohl sie dieselbe Szene mit denselben Worten beschreiben:

> »Zweifelsohne hat das ›langsame Vorwärtsfahren‹ Pappinis eine völlig andere Bedeutung als das ›langsame Vorwärtsfahren‹ Decios.«

Worin besteht dieser ganze Unterschied? In der Darstellung Decios, wird uns gesagt, »ist die Abfolge der Ereignisse eine schnelle«, in der Pappinis ist sie langsamer. Diese Beurteilung läßt aber zwei Elemente außer acht, ein allgemeines und ein besonderes: 1. auf der Grundlage zweier Beschreibungen die jeweilige Dauer zweier Serien von Ereignissen zu messen, die sich ohnehin in wenigen Sekunden abspielen, ist offensichtlich unmöglich; 2. Pappini, der näher am Wagen der Attentäter war, hat eine größere Anzahl von Ereignissen wahrgenommen und beschrieben, wodurch er den Eindruck eines langsameren Ablaufs vermittelte; Decio beschrieb eine kleinere Anzahl, da ihr Blickfeld teilweise vom Alfa Romeo 2000 Pappinis verstellt war (siehe oben, Kap. XV, *c*).

Der Exeget übertrifft sich allerdings selbst, wo er behauptet, »Decios Version stimmt völlig mit der Darstellung Marinos überein«. Die Übereinstimmung ist derart wenig perfekt, daß ein ganz erheblicher Punkt völlig unberücksichtigt bleibt: die von Marino am Steuer des 125ers ausgeführte Rückwärtsfahrt um zehn – fünfzehn Meter. Wie bereits von mir angemerkt (Kap. XV, *c*), entging dieses Rückwärtsfahren, abgesehen von Decio, all jenen, die die Szene mitverfolgten. Das Urteil trifft die Feststellung, daß ihre Versionen (mit Ausnahme der Pappinis) nicht »der von Marino berichteten Rückwärtsfahrt entgegenstehen« (*Urt.*, S. 381). Man wird doch zugeben, daß zwischen dem »nicht entgegenstehen« und der Frau Decio zugebilligten »völligen Übereinstimmung« ein großer Unterschied besteht. Wenn wirklich von Übereinstimmung die Rede sein soll, hat sie sich auf das übereinstimmende

Schweigen der Zeugen (Decio inbegriffen) zu dem Fahrmanöver zu beziehen, das Marino wenige Augenblicke vor dem Attentat durchgeführt haben soll.

In der Verhandlung beantwortete Marino die diesbezüglichen Fragen der Verteidigung verlegen, wobei er unter anderem sagte:

>In dem Moment, da ich rückwärts fuhr, waren die Schüsse noch nicht gefallen, weshalb die Leute nicht darauf achtgeben konnten, ob ich rückwärts fuhr oder nicht.«

In der Urteilsbegründung sind diese Worte so kommentiert:

>Wie hätte Marino sich angesichts dieser Einwände verhalten sollen? Es wurde ihm eine Frage gestellt, und er antwortete, indem er versuchte, eine Erklärung für diesen Widerspruch zu finden, und genau besehen lieferte er eine plausible Erklärung.
Hätte er etwa nicht antworten sollen?« (*Urt.*, S. 401–402).

Aber das Problem ist ein anderes. Zum x-ten mal in diesem Prozeß wird der einzige Nachweis für Marinos Aussagen von Marino selbst geliefert.

h. *Glaubwürdige und unglaubwürdige Zeugen: der Platzregen und die Demonstration.* Wie gesehen, sind die in der Urteilsbegründung ausgestellten Glaubwürdigkeitsatteste für Marino nicht mehr zu zählen. Die anderen Angeklagten und die von der Verteidigung aufgestellten Zeugen wurden hingegen mehrfach als »unglaubwürdig«, »nicht glaubwürdig« und so fort betrachtet. Ich möchte aufzeigen, auf welcher Grundlage diese Urteile ausgesprochen wurden und welche Konsequenzen daraus gezogen wurden. Ich werde meine Analyse auf zwei Punkte des Prozesses beschränken: a. das am 13. Mai 1972 in Pisa gegenüber einer Bar stattgefundene Gespräch, in dem Sofri nach Beendigung einer von ihm gehaltenen Kundgebung Marino angeblich aufforderte, Calabresi umzubringen; und b. die Glückwünsche wegen der geleisteten guten Arbeit, die Sofri unmittelbar vor seiner Rede auf der Kundgebung in Piazza degli Aranci in Massa am 20. Mai 1972 Marino übermittelt haben soll. Beide Vorkommnisse, die Sofris Rolle als Anstifter beweisen würden, sind uns natürlich nur aus einer einzigen Quelle bekannt: Marino.

Ich fange mit dem ersten an, das auch das wichtigere ist. Bei der Gegenüberstellung im Ermittlungsverfahren (16. 9. 1988) sagte Sofri, am Abend des 13. Mai 1972 habe Marino ihn besucht, während er sich mit anderen Personen in der Wohnung seiner früheren Frau aufhielt; er fügte hinzu, sich jener abendlichen Begegnung von der ersten (am 3. 8. 1988 stattgefundenen) Vernehmung an erinnert zu haben, in deren Verlauf er wichtige Enthüllungen angekündigt hatte. Er hatte es aber vermieden, den Umstand zu erwähnen, weil, wie er sagte,

>ich in jener ersten Vernehmung der Ansicht war, Marino würde bei der Gegenüberstellung die Wahrheit sagen« (*Urt.*, S. 512). »Unwahrscheinliche Erklärungen«, meint das Urteil dazu, »und zu Recht bemerkte der Nebenkläger, daß die Gegenüberstellung keineswegs zwangsläufig angeordnet werden mußte [...]. Man könnte sagen – dennoch wurde es nicht gesagt –, daß Sofri überlegt haben könnte, es hätte ihm irgendwie schaden können, von jenem Umstand zu sprechen. Und der Angeklagte hat keinerlei Pflicht, der-

Anklage Anhaltspunkte zu liefern, so daß er es vernünftigerweise verschwiegen hatte« (*Urt.*, S. 513).

Es handelt sich um eine völlig aus der Luft gegriffene Unterstellung. Die abendliche Begegnung in einer Wohnung ließ die von Marino beschriebene Begegnung als unwahrscheinlich erscheinen, wonach er es vorgezogen haben soll, nicht nur an einem öffentlichen, sondern sogar an einem von Polizisten bevölkerten Ort über einen Attentatsplan zu sprechen. Es ist nicht zu verstehen, weshalb das Gericht mit Argwohn betrachtete, daß Sofri seine Begegnung mit Marino am Abend des 13. Mai 1972 in der Wohnung seiner früheren Frau zunächst verschwieg – beinahe als handelte es sich um ein Indiz für seine Schuldigkeit. An diesen Umstand hatte Marino sich überhaupt nicht mehr erinnert: er gab ihn erst zu, als Sofri ihn erwähnte. Aber Marinos Gedächtnislücken (ebenso wie seine Ungenauigkeiten) wurden vom Gericht als Bestätigung für seine Glaubwürdigkeit angesehen (so die Urteilsbegründung, S. 157, bezüglich des Orientierungsfehlers auf dem Stadtplan: oben, Kap. III).

Angesichts von Marinos Anschuldigungen, die ihn auf ein angebliches, sechzehn Jahre vorher stattgefundenes Gespräch festnagelten, beteuerte Sofri sofort seine Unschuld, wobei er absolut ausschloß, daß jenes Gespräch je stattgefunden hatte. (Daß er, die Ermittlungen einmal aufgenommen, erwartete, auf das baldigste seinem Ankläger gegenübergestellt zu werden, müßte für jedermann klar sein.) Dann aber wollte er mehr tun, indem er eine Reihe von Argumenten vorbrachte, die jenes Gespräch nach der Kundgebung zwar gewiß nicht als unmöglich, aber als unwahrscheinlich erscheinen ließen: der Platzregen, der das Ende der Kundgebung begleitet hatte, und die Begegnung mit Marino am Abend des 13. Mai (von der bereits die Rede war). Er erinnerte daran, gleich nach dem Ende der Kundgebung mit einigen Genossen toskanischer Ortsgruppen über die Möglichkeit diskutiert zu haben, einen Gedenkstein für Franco Serantini anzubringen; und dann mit Guelfi, einem Aktivisten von Lotta Continua, im Auto weggefahren zu sein, um einen gemeinsamen Freund zu besuchen, Soriano Ceccanti, mit dem er bereits auf der Demonstration vor der Kundgebung kurz gesprochen hatte (oben, Kap. XVII). In dieser Folge von Ereignissen fand das angebliche Zwiegespräch mit Marino keinen Platz.

Viele ehemalige Aktivisten von Lotta Continua, die an der Kundgebung des 13. Mai 1972 teilgenommen hatten, bestätigten in der Verhandlung achtzehn Jahre später die von Sofri angegebenen Umstände. Im Gerichtssaal war die Rede von einem »Gewitter«, »heftigen Platzregen«, »starken Regen«; es wurden Fotos von jenem Tag gezeigt (die in der Urteilsbegründung nicht erwähnt werden), die bezeugen, daß viele Kundgebungsteilnehmer Regenschirme in der Hand hielten. Luciano Della Mea, der sich mit Mughini an einem anderen Platz in Pisa befand, wo Giancarlo Pajetta eine Kundgebung abhielt, sagte, von jenem Tag »eine eigentlich sehr lebhafte Erinnerung behalten zu haben, da Mughini in Leder gekleidet war, und das Wasser lief in Bächen an jenem glatten Leder herunter, und von daher war es wirklich ein heftiges und langes Gewitter«.

»Nun – steht in der Urteilsbegründung –, daß es während der Kundgebung zu regnen anfing, ist sicher.

Genauso sicher ist allerdings, daß es nicht mit der Intensität regnete, die der Angeklagte und die oben angegebenen Zeugen zum Ausdruck bringen.«

Das Hydrographenamt des Bauamts von Pisa informiert, daß es an jenem Tag einen Niederschlag von 1,2 mm gab; der Wetterdienst des Fernmeldeaufsichts-amts der Fluglotsen von Rom-EUR sagt, daß am späten Nachmittag ein »schwacher Dauerregen« auf Pisa niederfiel, auf den am Abend ein »schwa-cher, intermittierender Regen« folgte. Es regnete also, aber nicht allzusehr (ob-wohl die Zeitungen, die Artikel über die Kundgebung veröffentlichten, von »prasselndem Regen«, »unablässigem Regen« sprachen). Folglich sind nach Ansicht des Gerichts Guelfi, Ceccanti und alle Zeugen, die von einem Gewitter sprachen, unglaubwürdig. Äußerst glaubwürdig ist statt dessen dott. Ignazio Tronca, vormals Leiter der politischen Polizei in Pisa, der nach Fehlern und Gedächtnisausfällen zum Datum der Kundgebung, zu den Orten, an denen sie stattfand usw., in der Verhandlung aussagte, daß die Teilnehmer sich zunächst vor der Anstalt, in der Serantini gelebt hatte, »in kleinen Gruppen zusammen-fanden« und dann »so in kleinen Gruppen auf den Platz gingen, mag sein auch in größeren Gruppen, aber auf jeden Fall nicht in einer Demonstration« (*Urt.*, S. 551–552). Von daher, folgert das Urteil, blieben die Aussagen Marinos

> »hinsichtlich des Gesprächs mit Sofri in Pisa [...] bestehen, da doch die ganze von der Verteidigung gelieferte Version, die darauf abzielte, den Her-gang jener Kundgebung in einer Weise darzustellen, die für ein Gespräch zwischen Marino und Sofri nach der Kundgebung überhaupt keinen Platz ließ, Lügen gestraft wurde« (*Urt.*, S. 612–613).

Es regnete, aber nicht gar so stark, folglich hat Marino über sein Gespräch mit Sofri die Wahrheit gesagt; die Demonstranten gingen zur Kundgebung, »mag sein möglicherweise auch in größeren Gruppen«, aber nicht in »einem regel-rechten Demonstrationszug« (Tronca: *Urt.*, S. 552), folglich ist Sofri der Auf-traggeber des Mordes an Calabresi. Wie konnte es zu dieser logischen Unge-heuerlichkeit kommen? Das erklärt uns die Urteilsbegründung auf einem denkwürdigen Blatt.

> »Ohne jene Demonstration und jenes Gewitter kommt eine andere Kundge-bung heraus: der Platz und die Bühne schon bereit, erste Aktivisten, die an-kommen und herumstehen, andere in kleineren oder größeren Gruppen, die nachkommen, das Warten auf die festgesetzte Uhrzeit, der Platz wird voller, die Führer und die Redner, die ankommen oder schon da sind, die Möglich-keit für alle, mit letzteren einen Gruß oder ein paar Worte zu tauschen, dann die Kundgebung, die anfängt, die ersten Redner, die die Kundgebung einlei-ten, Sofri, der die Schlußrede hält, die Menge, die aus dem Platz abströmt, wiederum die Möglichkeit für alle, Aktivisten, Sympathisanten, nationale oder lokale Führungskader, die aus anderen Städten gekommen sind, sich der Bühne und den Rednern zu nähern.
> Ohne jenes Gewitter ist die Vision von Sofri und Guelfi, die sich nach einer Kundgebung solcher Art allein von dem Platz entfernen, unwirklich.
> [...] Es liegen Beweise vor, wonach jene Kundgebung nicht so ablief, wie es vom Angeklagten und von den Zeugen der Verteidigung dargestellt wurde.

Wenn dieser nun ebenso wie die anderen eine Version liefert, die darauf abzielt, ein Ereignis so zu rekonstruieren, daß für die von Marino berichtete Begegnung kein Raum bleibt, und festgestellt wird, daß diese Rekonstruktion eine falsche Darstellung von der Wirklichkeit gibt mit dem eigentlichen Ziel, die Möglichkeit dieser Begegnung gerade auszuschließen, stellt dies nach Auffassung des Gerichts ein Indiz dar, ein weiteres Beweiselement, das bestätigt, daß jene Begegnung nach der Kundgebung stattfand...« (*Urt.*, S. 614–615).

Aus welchem Grund das Bild von Sofri und Guelfi, die sich entfernen, »unwirklich« sein soll, läßt sich nicht erkennen. Schließlich stellt sich heraus, daß der Großteil der nationalen Führungskader von Lotta Continua an dem Tag nicht in Pisa war. Die Urteilsbegründung stellt fest, daß Sofri und die anderen »ihre Anwesenheit jeweils ein wenig gegenseitig bestätigen« (der Genauigkeit halber, neun Zeugen erwähnen insgesamt fünfzehn Namen). Eine arglistige Bemerkung, die anscheinend eine Absprache unterstellt (*Urt.*, S. 540). Wenn aber alle da waren, war die gegenseitige Nennung nicht zu vermeiden. Hervorzuheben ist allerdings die Schlußfolgerung des gerade eben zitierten Abschnitts: »Ein weiteres Beweiselement«. Das erste, vermute ich, sind die Aussagen Marinos. Folglich beweist die *Möglichkeit*, daß Marino und Sofri miteinander gesprochen haben, daß sie tatsächlich miteinander sprachen. Dieser weitere logische Ausrutscher gründet in der Vorgabe, daß die von den Zeugen der Verteidigung gelieferte Rekonstruktion nicht, sagen wir mal, ungenau sei, sondern falsch (»falsche Darstellungen der Wirklichkeit«). Es handelt sich um eine nicht nachgewiesene oder eine auf trügerische Art nachgewiesene Vorgabe. Das folgende Beispiel wird reichen.

Nach der Beschreibung der Kundgebung in Pisa (»Da war ein Sammelpunkt in der Nähe des Bahnhofs, vom Bahnhof aus gingen wir den Corso Italia entlang und kamen dann auf der anderen Seite des Arno auf Piazza S. Silvestro zu...«) sprach der Zeuge Lazzerini das verbotene Wort »Demonstration« aus (»Während der Demonstration nieselte es«); kurz darauf wagte er sich soweit vor, gar von einem »mächtigen... Regen« zu sprechen, der gegen Ende der Kundgebung gefallen sei. Aus diesem Grund erklärt ihn das Urteil sofort zu einem unglaubwürdigen Zeugen (*Urt.*, S. 618–619). Aber Lazzerini erklärte, in Massa, wo er wohnte und noch wohnt, am 17. Mai 1972 gegen 12.25 Uhr Ovidio Bompressi begegnet zu sein: eine Zeugenaussage, die zwar kein Alibi im engeren Sinn darstellt, es aber doch als unwahrscheinlich erscheinen läßt, daß Bompressi sich um 9.15 Uhr desselben Tages in Via Cherubini in Mailand aufhielt, gerade im Begriff, Calabresi zu ermorden (*Urt.*, S. 617). Daß Lazzerini »einen Umstand, die Demonstration in Pisa, die es nie gab,« behauptet habe, stellt »ein weiteres Element zu Lasten von Bompressi« dar (heißt es in der Urteilsbegründung, S. 619–620). Und obschon die Demonstration von Pisa nicht

> »wesentlich für den Angeklagten Bompressi« war, »ist zu bedenken, daß dieser Umstand aufzeigt, daß zwischen den Zeugen Bompressis und den (zahlreichen) vom Angeklagten Sofri aufgerufenen Zeugen, die alle dasselbe, nie gewesene Ereignis angeben, eine Verbindung besteht. Und wenn eine Verbindung zwischen den Zeugen des einen und des anderen Angeklagten besteht-

[...], ist offensichtlich, daß hier über den fehlenden Nachweis der eigenen Unschuld – mittels Ausübung des Rechts auf Verteidigung durch das Beibringen von Nachweisen – hinausgegangen wird und Anstalten unternommen werden, sich strafrechtlicher Verantwortung zu entziehen.«

Beim Lesen dieser Sätze fällt es wiederum schwer, nicht an die Haltung der Richter in den Hexenprozessen zu denken: einen jener Prozesse, die von einem einzigen Geständnis ausgehend am Ende ein ganzes Dorf miteinbezogen. Es kommt der Zweifel auf, daß nicht nur alle Zeugen der Verteidigung, sondern alle ehemaligen Lotta-Continua-Aktivisten von Pisa und von Massa eine Anklage wegen falscher Zeugenaussage oder mehr riskierten. Ich will nun die Gutgläubigkeit der Mitglieder des Gerichts nicht in Zweifel ziehen: es scheint mir aber, daß in diesem Fall über die Grenzen des Vertretbaren hinausgegangen wurde. Eiserne Schlußfolgerungen aus einer unsicheren Vorgabe abzuleiten ist immer gefährlich. Die entschiedene Behauptung, die Demonstration von Pisa sei »nie gewesen«, widerspricht den vorsichtigen Aussagen von dott. Tronca in der Verhandlung – eines in der Urteilsbegründung hochgelobten Zeugen.

> Vorsitzender: »Zu dem Eintreffen der Personen auf dem Platz, an dem die Demonstration stattfand: erinnern Sie sich als Leiter der Politischen Abteilung, ob sie in irgendeiner Weise, als Gruppe, in einer geordneten Demonstration zusammenkamen, oder wissen Sie es nicht mehr oder schließen Sie es aus?«
> Tronca: »Naja, geordnete Demonstration *würde ich ausschließen,* ich *weiß es nicht mehr,* auf jeden Fall *würde ich es ausschließen. Mir scheint nicht,* daß damals vorher eine Demonstration gewesen wäre, die auf den Platz strömte, geströmt wäre. *Mir scheint nicht.* Ich meine, ... ach ja, ich erinnere mich, daß die Kundgebungsteilnehmer vereinzelt auf den Platz kamen, wenn auch vielleicht in größeren Gruppen, aber jedenfalls nicht als Demonstration.«

»Aussagen, die keinen Zweifel lassen, daß es keine Demonstration gab«, kommentiert das Urteil (S. 553). Die von mir kursiv gesetzten Konjunktive und die »mir scheint nicht« scheinen vielmehr eine anfängliche Unsicherheit anzudeuten, die dann mit der Unterscheidung »größere Gruppen« und »Demonstration« aufgelöst wurde. Auf jeden Fall impliziert eine derartige Unterscheidung eine *Kontinuität,* nicht eine klare Alternative wie jene zwischen einem Mann und einer Frau am Steuer (um im Rahmen des Prozesses zu bleiben; Hermaphroditen schließe ich der Einfachheit halber aus). Hinter jeder Erwähnung einer Demonstration seitens eines Zeugen Vorsätzlichkeit auszumachen, scheint wirklich nicht gerechtfertigt. Tatsächlich läßt sich aus den Zeugenaussagen der Kundgebungsteilnehmer (einschließlich Marinos, der in der Ermittlung von einer »eindrucksvollen Kundgebung« sprach) herauslesen, daß es an jenem Tag in Pisa eine Demonstration gab. Aber auch das eventuelle Fehlen einer »regelrechten« Demonstration (um mit dottor Tronca zu sprechen) wäre kein Beweis dafür, daß Sofri nach seiner Rede Marino gegenüber von einer Bar getroffen habe, um ihn in einem wenige Minuten dauernden Gespräch dazu zu überreden, nach Mailand zu fahren, um Calabresi umzubringen.

Zu den angeblichen Glückwünschen Sofris an Marino in Piazza degli Aranci in Massa am 20. Mai 1972 können wir uns kürzer fassen. Sofri hatte an einen Vorfall erinnert, der auch von zwei Zeugen (Pegollo und Tognini) bestätigt wurde und der sich gleich vor der Kundgebung zugetragen hatte: der damalige Leiter der politischen Abteilung der Polizei in Massa, dott. Costantino, hatte ihn ermahnt, nicht von Calabresi zu sprechen. In der Verhandlung bestätigte Costantino, nach Ende der Rede Sofri begegnet zu sein. Über die vor der Rede ausgesprochene Warnung hingegen gab er sich sehr unsicher:

> »Herr Vorsitzender, es kann sein... aber ehrlich gesagt kann ich es nicht mit Sicherheit sagen. Es kann sein, daß ich vor der Kundgebung ein paar Worte gewechselt habe, aber... An das Nachher erinnere ich mich genau, aber vorher ehrlich gesagt nicht. Das heißt, ich kann es nicht ausschließen. Ich weiß es nicht mehr. [...] Ich glaube nicht. Ich glaube nicht. Aber ich kann es nicht ausschließen [...]. Ich meine es zu verneinen, denn die Ermahnung hatten wir schon im Polizeipräsidium ausgesprochen. Und wir hatten die weitreichendsten Zusicherungen erhalten. [...] Das heißt, ich weiß es nicht mehr, Herr Vorsitzender. Es kann sein, aber mir scheint nicht.«

Die Unsicherheiten des Zeugen sind sehr gut zu verstehen: immerhin sind achtzehn Jahre vergangen. Für das Gericht aber hat er »die Darstellung des Angeklagten und der Zeugen Pegollo und Tognini Lügen gestraft«. Natürlich werden letztere als unglaubwürdig hingestellt. Die Aussage Costantinos »erwies sich als ein Element zugunsten der Anklage« (*Urt.*, S. 563). Costantino erinnert sich nicht mehr, oder besser »meint, zu verneinen«: folglich sagt Marino die Wahrheit.

Auf derartigen Grundlagen, »im Namen des italienischen Volkes« (und damit auch in meinem Namen und im Namen der italienischen Leser dieser Seiten) hat das Mailänder Schwurgericht Adriano Sofri zu zweiundzwanzig Jahren Haft verurteilt.

CARLO GINZBURG, 1939 in Turin geboren, lehrt Neuere Geschichte an der Universität Bologna, ist Gastprofessor an der Universität von Los Angeles und Ehrenmitglied der American Academy of Arts and Sciences.

LEBENDIGE GESCHICHTE

ALBERT SOBOUL   *Kurze Geschichte der Französischen Revolution*
Die große Französische Revolution beseitigte nicht nur eine klerikale
und feudale Diktatur, sondern verhalf auch den ›bürgerlichen Freihei-
ten‹ zum Durchbruch. Sie prägt unsere Geschichte bis heute.
Aus dem Französischen von Bernd Schwibs und Joachim Heilmann
Wagenbach: Taschenbuch 23. 160 Seiten

LUCIEN FEBVRE   *Der neugierige Blick*
Leben in der französischen Renaissance
Lucien Febvre gelingt in diesem Buch ein farbiges Portrait des weltof-
fenen, risikofreudigen und abenteuernden ›neuen Menschen‹.
Mit einem Vorwort von Peter Burke
Aus dem Französischen von Gabriele Ricke und Ronald Voullié
Wagenbach: Taschenbuch 171. 112 Seiten

KARL CHRIST   *Geschichte und Existenz*
Ein Überblick über eine Wissenschaft, die wie kaum eine andere in die
Existenz der Menschen eingreift, freilich auch wie keine andere von
der Politik mißbraucht wird.
Kleine Kulturwissenschaftliche Bibliothek 34
Englische Broschur. 96 Seiten

PETER BURKE   *Offene Geschichte*   *Die Schule der ›Annales‹*
Die erste vollständige Gesamtdarstellung einer Revolution in der Ge-
schichtswissenschaft: Die Mentalitäten-Geschichte der ›Annales‹, ihre
bedeutendsten Köpfe und ihre wichtigsten Werke in einem konzen-
trierten, kurzen Überblick.
Aus dem Englischen von Matthias Fienbork
Allgemeines Programm
Englische Broschur. 160 Seiten mit 63 Abbildungen

LOTHAR BAIER *Die große Ketzerei*
Verfolgung und Ausrottung der Katharer
durch Kirche und Wissenschaft

» Eine besondere Qualität dieser essayistisch-erzählerischen Studie
liegt darin, daß der Autor – bei aller Sympathie für die Häretiker, Ket-
zer und Dissidenten – nie der Gefahr erliegt, sie zu mystifizieren und
romantisieren.«

Michael Schneider, Frankfurter Rundschau

Wagenbach: Taschenbuch 191. 208 Seiten

Bilder schreiben Geschichte: Der Historiker im Kino

Herausgegeben von Rainer Rother
Können Filme Geschichte darstellen oder sind sie nur Zeugnisse ihrer
Zeit? Ein Überblick über die Zugangsweisen, mit denen Historiker
Filme als ein Sprechen über vergangene Zeit begreifen und in ihnen
die Sprache ihrer Zeit finden.

Wagenbach: Taschenbuch 193. 176 Seiten

HANNAH ARENDT *Israel, Palästina und der Antisemitismus*
Aufsätze

In diesem Band sind die wichtigsten Essays gesammelt, mit denen die
große Philosophin zu zwei – zumal für die Deutschen – entscheidenden
Fragen Stellung genommen hat: Zum Antisemitismus vor wie nach
Auschwitz und zum Palästinaproblem. Mit ihren Thesen hat sie
wütende Reaktionen gerade bei denen provoziert, án die sie sich besonders wandte: An die europäischen Linken und die kompromißlosen Anhänger einer jüdischen Staatsgründung.

Wagenbach: Taschenbuch 196. 128 Seiten

Zum Weiterlesen…
Schreiben Sie uns eine Postkarte, wir schicken Ihnen
gern unseren Almanach ZWIEBEL:

Verlag Klaus Wagenbach, Ahornstraße 4, 1000 Berlin 30